21世纪高职高专财经类专业核心课程教材

出纳实务（第二版）

侯雁 主编

CHUNA SHIWU

东北财经大学出版社
Dongbei University of Finance & Economics Press
大连

图书在版编目（CIP）数据

出纳实务 / 侯雁主编．—2版．—大连：东北财经大学出版社，2021.4
（21世纪高职高专财经类专业核心课程教材）
ISBN 978-7-5654-4112-7

Ⅰ．出…　Ⅱ．侯…　Ⅲ．出纳-会计实务-高等职业教育-教材　Ⅳ．F231.7

中国版本图书馆CIP数据核字（2021）第027797号

东北财经大学出版社出版
（大连市黑石礁尖山街217号　邮政编码　116025）
网　址：http：//www.dufep.cn
读者信箱：dufep@dufe.edu.cn
大连日升彩色印刷有限公司印刷　东北财经大学出版社发行
幅面尺寸：185mm×260mm　字数：253千字　印张：11.5
2021年4月第2版　2021年4月第1次印刷
责任编辑：张晓鹏　曲以欢　责任校对：京　玮
封面设计：原　皓　版式设计：钟福建
定价：30.00元

教学支持　售后服务　联系电话：（0411）84710309

如有印装质量问题，请联系营销部：（0411）84710711

第二版前言

出纳是会计工作不可分割的一部分，其具体工作虽然没有会计工作复杂，但却很琐碎。要做好这项工作，不仅需要足够的耐心，而且要有一定的专业知识和业务技巧。本教材从出纳岗位工作的实际需要出发，系统地介绍了出纳工作所需要具备的专业知识和职业技能，并针对高职学生的学习和就业需要，以出纳岗位的工作任务为驱动组织教材内容，使学生置身于仿真的工作环境中去办理现金结算业务、银行结算业务及其他出纳业务，为学生从事出纳工作营造一个良好的锻炼氛围。

本教材围绕出纳岗位实际工作中应具备的基本职业技能，设计了六章：出纳岗位认知、银行支付结算、出纳核算业务、珠算技术、点钞技术、传票翻打技术。重点在于培养学生的出纳岗位职业技能，也为培养学生的其他会计岗位工作能力奠定基础。

本教材按照出纳的工作流程，将理论和实践紧密结合，同时配以“技能训练”“小提示”“知识扩展”“拓展训练”等内容，图文并茂，生动有趣。通过训练使学生熟练运用相关知识准确完成各项任务，将专业的理论知识转化为职业技能。

本教材在修订编写过程中，力求做到突出重点、便于教学，充分采纳了行业企业专家提出的宝贵意见，紧密结合出纳岗位的工作实际，注重操作性，体现真实性，讲究实用性。本教材既可作为高职高专学生的专业教材使用，也可作为会计人员岗前培训教材使用。

本教材由侯雁负责修订并任主编，张萌、辛悦、郑浣非、张凌羽任副主编。各章编写分工如下：第1章、第2章由侯雁编写；第3章由张萌编写；第4章由郑浣非编写，第5章由辛悦编写，第6章由张凌羽编写。

尽管我们在促进课、岗、证结合方面做了许多努力，但鉴于编者水平有限，书中难免有不足之处，恳请专家、读者及相关专业课教师批评、指正，督促我们不断进步。

编　者

2021年1月

目 录

第1章

出纳岗位认知

教学目标

(1) 掌握出纳的岗位职责与工作要求;
(2) 掌握阿拉伯数字、中文大写数字、大小写金额的标准写法;
(3) 掌握出纳及相关工作岗位的设置;
(4) 掌握出纳人员需要具备的职业道德。

思政目标

增强学生对财税政策的了解和法律观念,培养诚实守信、严谨细致、廉洁自律、文明服务的良好职业道德素质。

出纳是随着货币及货币兑换业的出现而产生的,所谓“出”即支出、付出;而“纳”即收入。具体地讲,出纳工作是管理货币资金、票据、有价证券进进出出的一项工作。一名合格的出纳,只有对自己有清楚的认识以及定位,明确自己的职责权限并积极付诸实际行动,才能对会计部门的工作起到积极的推动作用,才能为企业效益最大化添砖加瓦。

1.1 出纳的含义

出纳是对企业、事业、机关、团体等单位里有关现金、银行存款、票据、有价证券等的收付和保管工作的总称。承担这类工作的人员称为“出纳员”,简称“出纳”。

1.2 出纳工作内容

1.2.1 货币资金核算

货币资金核算是经济核算的重要内容,主要通过相关的指标计算衡量固定资金、流动资金的利用效果，同时找出资金利用过程中的问题和解决问题的方法。其主要日常工作有：

（1）办理现金收付，严格按规定收付款项。

（2）办理银行结算，规范地使用支票，严格控制签发空白支票。

（3）登记日记账，保证日清月结。根据已经办理完毕的收付款凭证，逐笔顺序地登记库存现金日记账和银行存款日记账，并结出余额。

（4）保管库存现金，保管有价证券。对于现金和各种有价证券，要确保其安全和完整无缺。

（5）保管有关印章，登记注销支票。

（6）复核收入凭证，办理销售结算。

1.2.2 往来结算

往来结算是企业在生产经营、资金运作过程中形成的企业内、外单位及个人的账务关系。其主要内容有：

（1）办理往来结算，建立清算制度。

（2）核算其他往来款项，防止坏账损失。

1.2.3 工资结算

工资结算就是劳资双方约定的、在一定时间内的各种劳动成果量与劳动单价乘积的累加，最后得出一个双方认可的总量，这个总量有的含税，有的不含税。其具体工作内容有：

（1）执行工资计划，监督工资使用。

（2）审核工资单据，发放工资奖金。

（3）负责工资核算，提供工资数据。按照工资总额的组成和工资的领取对象，进行明细核算。根据管理部门的要求，编制有关工资总额报表。

1.3 出纳工作职能

1.3.1 收付职能

出纳的最基本职能是收付职能。企业经营活动少不了货物价款的收付、往来款项的收付，也少不了各种有价证券以及金融业务往来的办理。这些业务往来的现金、票据和金融证券的收付和办理，以及银行存款收付业务的办理，都必须经过出纳员之手。

1.3.2 反映职能

出纳要利用统一的货币计量单位，通过其特有的库存现金日记账与银行存款日记账、有价证券的各种明细账，对本单位的货币资金和有价证券进行详细的记录与核算，以便为经济管理和投资决策提供所需的完整、系统的经济信息。因此，反映职能是出纳工作的主要职能之一。

1.3.3 监督职能

出纳要对企业的各种经济业务，特别是货币资金收付业务的合法性、合理性和有效性进行全过程的监督。

1.3.4 管理职能

出纳还有一个重要的职能是管理职能。对货币资金与有价证券进行保管，对银行存款和各种票据进行管理，对企业资金使用效益进行分析研究，为企业投资决策提供金融信息，甚至直接参与企业的方案评估、投资效益预测分析等都是出纳的职责所在。

1.4 出纳工作职责

出纳是会计工作的重要环节，涉及的是现金收付、银行结算等活动，而这些又直接关系到职工个人、单位乃至国家的经济利益，该项工作出了差错，可能会造成不可挽回的损失。因此，明确出纳员的职责和权限，是做好出纳工作的起码条件。根据《中华人民共和国会计法》（以下简称《会计法》）、《会计基础工作规范》等财会法规，出纳员具有以下职责：

（1）按照国家有关现金管理和银行结算制度的规定，办理现金收付和银行结算业务。

（2）根据会计制度的规定，在办理现金和银行存款收付业务时，要严格审核有关原始凭证，再据以编制收付款凭证，然后根据编制的收付款凭证逐笔顺序登记库存现金日记账和银行存款日记账，并结出余额。

（3）按照国家外汇管理和结汇、购汇制度的规定及有关批件，办理外汇出纳业务。

小提示1-1

出纳员应熟悉国家外汇管理制度，及时办理结汇、购汇、付汇，避免国家外汇损失。

（4）掌握银行存款余额，不准签发空头支票，不准出租、出借银行账户为其他单位办理结算。

（5）保管库存现金和各种有价证券（如国库券、债券、股票等），并确保其安全与完整。

（6）保管有关印章、空白收据和空白支票。

小提示1-2

通常，单位财务专用章和出纳员名章要实行分管，交由出纳员保管的出纳印章要严格按规定用途使用，各种票据要办理领用和注销手续。

1.5 出纳工作特点

任何工作都有自身的特点和工作规律，出纳是会计工作的组成部分，具有一般会计工作的本质属性，但它又是一个专门的岗位，一项专门的技术，因此，具有其专门的工作特点。

1.5.1 社会性

出纳工作担负着一个单位货币资金的收付、存取任务，而这些任务的完成是置身于整个社会经济活动的大环境之中的，是和整个社会的经济运转相联系的。只要这个单位发生经济活动，就必然要求出纳员与之发生经济关系。出纳员要了解国家有关的财会政策和法规并参加这方面的学习和培训，要经常跑银行，要经常接受税务机关的监督和检查等。因此，出纳工作具有广泛的社会性。

1.5.2 专业性

出纳工作作为会计工作的一个重要岗位，有着专门的操作技术和工作规则。凭证如何填、日记账怎样记都很有学问，就连保险柜的使用与管理也是很讲究的。因此，要做好出纳工作，成为一个合格的出纳员，一方面要经过一定的职业教育，另一方面要在实践中不断积累经验，掌握其工作要领，熟练地使用现代化办公工具。

1.5.3 政策性

出纳工作是一项政策性很强的工作，其工作的每一环节都必须依照国家规定进行。办理现金收付要按照国家现金管理制度进行，办理银行结算业务要根据国家银行结算办法进行。《会计法》《会计基础工作规范》等法规都把出纳工作并入会计工作中，并对出纳工作提出了具体规定和要求。出纳员不掌握这些政策法规，就做不好出纳工作；不按这些政策法规办事，就违反了财经纪律。

1.5.4 时间性

出纳工作具有很强的时间性，何时发放职工工资、何时核对银行对账单等，都有严格的时间要求，一天都不能延误。因此，出纳员心里应有个时间表，及时办理各项工作，保证出纳工作的质量。

1.6 出纳权限

根据《会计法》《会计基础工作规范》等财会法规，出纳员具有以下权限：

(1) 维护财经纪律，执行财会制度，抵制不合法的收支和弄虚作假行为。

《会计法》是中国会计工作的根本大法，是会计人员必须遵循的重要法律。《会计法》中对会计人员如何维护财经纪律提出了具体规定。相关规定，为出纳员实行会计监督、维护财经纪律提供了法律保障。出纳员应认真学习、领会、贯彻这些法规，充分发挥出纳工作的“关卡”“前哨”作用，为维护财经纪律、抵制不正之风做出贡献。

（2）参与货币资金计划定额管理的权力。

现金管理制度和银行结算制度是出纳员开展工作必须遵照执行的法规。这些法规，实际上赋予了出纳员对货币资金进行管理的职权。例如，为加强现金管理，要求各单位的库存现金必须限制在一定的范围内，多余的要按规定送存银行，这便为银行部门利用社会资金进行有计划的放款提供了资金基础。因此，出纳工作不是简单的货币资金的收收付付，不是无足轻重地点点钞票，其工作的意义只有和许多方面的工作联系起来才能体会到。

（3）管好用好货币资金的权力。

出纳工作每天和货币资金打交道，单位的一切货币资金往来都与出纳工作紧密相连，货币资金的来龙去脉，周转速度的快慢，出纳员都清清楚楚。因此，提出合理安排、利用资金的意见和建议，及时提供货币资金使用与周转的信息，也是出纳员义不容辞的责任。出纳员应抛弃被动工作的观念，树立主动参与意识，把出纳工作放到整个会计工作、经济管理工作的大范围中，这样，既能增强出纳的职业光荣感，又为出纳工作开辟了新的视野。

1.7　职业道德

1.7.1　主要内容及基本要求

会计职业道德主要包括爱岗敬业、诚实守信、廉洁自律、客观公正、坚持准则、提高技能、参与管理、强化服务等八个方面的内容。

（1）爱岗敬业。要求会计人员正确认识会计职业，树立职业荣誉感；热爱会计工作，敬重会计职业；安心工作，任劳任怨；严肃认真，一丝不苟；忠于职守，尽职尽责。

（2）诚实守信。要求会计人员做老实人，说老实话，办老实事，不搞虚假；保密守信，不为利益所诱惑；执业谨慎，信誉至上。

（3）廉洁自律。要求会计人员树立正确的人生观和价值观；公私分明，不贪不占；遵纪守法，一身正气。

（4）客观公正。要求会计人员端正态度、依法办事；实事求是、不偏不倚；如实反映、保持应有的独立性。

（5）坚持准则。要求会计人员熟悉准则；坚持按准则工作；发生道德冲突时，依旧坚持准则，维护国家利益、社会公众利益和正常的经济秩序。

（6）提高技能。要求会计人员具有不断提高会计专业技能的意识和愿望；具有勤学苦练的精神和科学的学习方法。

（7）参与管理。要求会计人员在做好本职工作的同时，努力钻研业务，全面熟悉本单位的经营活动和业务流程，主动提出合理化建议，积极参与管理，使管理活动更有针对性和实效性。

（8）强化服务。要求会计人员树立服务意识；提高服务质量；努力维护和提升会计职业的良好社会形象。

1.7.2 会计法律制度与会计职业道德的关系

（1）联系。

会计法律制度与会计职业道德在内容上相互渗透、相互吸收；在作用上相互补充、相互协调。会计职业道德是对会计法律制度的重要补充，会计法律制度是会计职业道德的最低要求。

（2）区别。

①性质不同。会计法律制度通过国家强制力保证其获得遵行，具有很强的他律性；会计职业道德依靠会计人员自觉遵守，具有很强的自律性。

②作用范围不同。会计法律制度侧重于“外在”行为、结果的合法化，有极强的客观性；会计职业道德既调整“外在”行为，也调整“内在”精神世界，有极强的主观性。

③表现形式不同。会计法律制度表现形式具体、明确，属于成文规定；会计职业道德表现形式既有成文规范，又有不成文规范。

④实施保障机制不同。会计法律制度依靠国家强制力保证其贯彻执行；会计职业道德主要依靠道德教育、社会舆论、传统习俗和道德评价来实现。

⑤评价标准不同。会计法律制度以法律规定为评价标准；会计职业道德以道德评价为评价标准。

1.8 工作交接

工作交接，是指工作调动或因故离职时，与接管人员办理交接手续的一种工作程序。

1.8.1 交接责任

会计人员工作调动或者因故离职，必须将本人所经管的会计工作全部交给接替人员。没有办清交接手续的，不得调动或者离职。移交人员对所移交的会计凭证、会计账簿、会计报表和其他有关资料的合法性、真实性承担法律责任。接替人员应当认真接管移交工作，并继续办理移交的未了事项。

会计人员临时离职或者因病不能工作且需要接替或者代理的，会计机构负责人（会计主管人员）或者单位负责人必须指定有关人员接替或者代理，并办理交接手续。临时离职或者因病不能工作的会计人员恢复工作的，应当与接替或者代理人员办理交接手续。移交人员因病或者其他特殊原因不能亲自办理移交的，经单位负责人批准，可由移交人员委托他人代办移交，但委托人应当对所移交的会计资料的合法性、真实性负责。

小提示1-3

单位撤销时，必须留有必要的会计人员，会同有关人员办理清理工作，编制决算。未移交前，不得离职。接收单位和移交日期由主管部门确定。

1.8.2 移交前的准备工作

办理移交手续前，必须及时做好以下工作：

（1）已经受理的经济业务尚未填制会计凭证的，应当填制完毕。

（2）尚未登记的账目，应当登记完毕，并在最后一笔余额后加盖经办人员印章。

（3）整理应该移交的各项资料，对未了事项写出书面材料。

（4）编制移交清册，列明应当移交的会计凭证、会计账簿、会计报表、印章、现金、有价证券、支票簿、发票、文件、其他会计资料和物品等内容；实行会计电算化的单位，从事该项工作的移交人员还应当在移交清册中列明会计软件及密码、会计软件数据磁盘及有关资料、实物等内容。

1.8.3 工作交接与监交

会计人员办理交接手续，必须有监交人负责监交。一般会计人员办理交接手续，由会计机构负责人（会计主管人员）监交；会计机构负责人（会计主管人员）办理交接手续，由单位负责人监交，必要时主管单位可以派人会同监交。

移交人员在办理移交时，要按移交清册逐项移交；接替人员要逐项核对点收。

（1）现金、有价证券要根据会计账簿有关记录进行点交。

（2）会计凭证、会计账簿、会计报表和其他会计资料必须完整无缺。

（3）银行存款账户余额要与银行对账单核对。

（4）移交人员经管的票据、印章和其他实物等，必须交接清楚。

（5）会计机构负责人（会计主管人员）移交时，还必须将全部财务会计工作、重大财务收支和会计人员的情况等，向接替人员详细介绍。对需要移交的遗留问题，应当写出书面材料。

交接完毕后，交接双方和监交人要在移交清册上签名或者盖章。移交清册一般应当填制一式三份，交接双方各执一份，存档一份。接替人员应当继续使用移交的会计账簿，不得自行另立新账，以保持会计记录的连续性。

1.9 出纳与其他会计岗位之间的关系

会计，从其所分管的账簿来看，可分为总账会计、明细账会计和出纳。三者既相互区别又有联系，是分工与协作的关系。

1.9.1 各有各的分工

总账会计负责企业经济业务的总括核算，为企业经济管理和经营决策提供总括的、全面的核算资料；明细账会计分管企业的明细账，为企业经济管理和经营决策提供明细分类核算资料；出纳则分管企业票据、货币资金，以及有价证券等的收付、保管、核算工作，为企业经济管理和经营决策提供各种金融信息。总体上讲，必须实行钱账分管，出纳员不得兼管稽核和会计档案保管，不得负责收入、费用、债权债务等账目的登记工作。总账会计和明细账会计则不得管钱管物。

1.9.2 既互相依赖又互相牵制

出纳、明细账会计、总账会计之间，有着很强的依赖性。它们核算的依据是相同的，都是会计原始凭证和会计记账凭证。作为记账凭据的会计凭证必须在出纳、明细账会计、总账会计之间按照一定的顺序传递；三者相互利用彼此的核算资料，共同完成会计任务。同时，三者又互相牵制与控制。出纳的库存现金和银行存款日记账与总账会计的库存现金和银行存款总账，总账与其所属的明细账，明细账中的有价证券账与出纳账中相应的有价证券账，有金额上的等量关系。这样，出纳、明细账会计、总账会计三者之间就构成了相互牵制与控制的关系，三者之间必须相互核对、保持一致。

1.9.3 出纳与明细账会计的区别只是相对的，出纳核算也是一种特殊的明细核算

出纳要求分别按照库存现金和银行存款设置日记账，银行存款还要按照存入的不同户头分别设置日记账，逐笔序时地进行明细核算。库存现金日记账要每天结出余额，并与库存现金数进行核对；银行存款日记账也要在月内多次结出余额，与开户银行进行核对。月末都必须按规定进行结账。月内还要多次出具报告单，报告核算结果，并与库存现金和银行存款总账进行核对。

1.9.4 出纳工作是一种账实兼管的工作

出纳工作，主要是现金、银行存款和各种有价证券的收支与结存核算，以及现金、有价证券的保管和银行存款账户的管理工作。现金和有价证券放在出纳的保险柜中保管；银行存款，由出纳办理收支结算手续。既要进行出纳账务处理，又要进行现金、有价证券等实物的管理和银行存款收付业务。出纳在这一点上和其他财会工作有着显著的区别。除了出纳，其他财会人员是管账不管钱、管账不管物的。

对出纳工作的这种分工，并不违背财务“钱账分管”的原则，这是由于出纳账是一种特殊的明细账，总账会计还要设置“库存现金”“银行存款”“交易性金融资产”等相应的总账对出纳保管和核算的库存现金、银行存款、有价证券等进行总金额的控制。其中，有价证券还应有出纳核算以外的其他形式的明细分类核算。

1.9.5　出纳工作直接参与经济活动过程

货物的购销，必须经过两个过程：货物移交和货款结算。其中，货款结算即货物价款的收入与支付必须通过出纳工作来完成。往来款项的收付、各种有价证券的经营以及其他金融业务的办理，更离不开出纳员的参与。这也是出纳工作的一个显著特点，其他财务工作一般不直接参与经济活动过程，而只对其进行反映和监督。

1.10　会计数字的书写技能

数字的书写是出纳工作的一项基本技能，其最常用的数字有两种：阿拉伯数字和中文大写数字。

1.10.1　阿拉伯数字的书写规定

阿拉伯数字又称小写数字。在单据上和账表上的写法有一定的格式。

1.小写数字的书写

（1）书写时，各数字应向右倾斜，大致与底边成60°～70°的角。除7和9外，均应紧靠底线；除6外，各数字的高度也应一致，约占全格的二分之一；7和9的尾部可略向下伸，透过底线不多于全格的四分之一（如图1-1所示）。

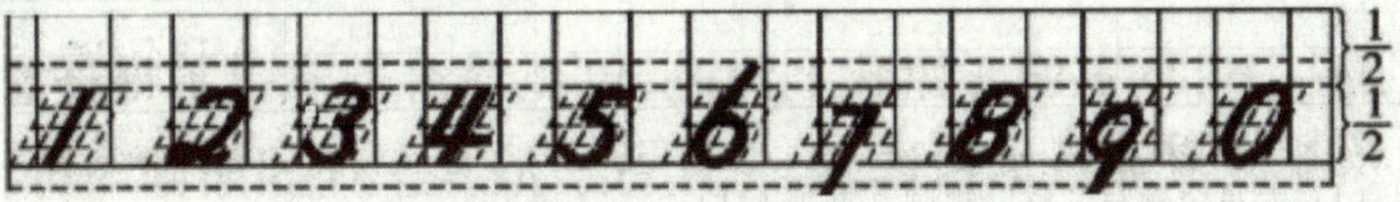

图1-1　小写数字书写格式

（2）书写6、8、9、0这几个数字时，在画圈的地方都应封口，不得开口；书写4的两竖要平行。

（3）用阿拉伯数字记数时，整数部分要符合“三位一节”的分节记法。由个位起，从右向左，每隔三位，用分节号“，”隔开，如123，456.78；如不用分节号，则每隔三位空1/4格，如3 456。

（4）小数点“.”应明显易认。

（5）数字与数字之间不能连笔。

技能训练1-1

按要求书写小写数字。

2.小写金额的书写

（1）为了防止对小写金额的涂改和增添，在填写原始凭证时应在小写金额前加写人民币符号“¥”，如：¥123.67。

（2）所有以元为单位的阿拉伯数字，除表示单价等情况外，一律填写到角分；无角分的，角位和分位可写“00”，或者符号“–”；有角无分的，分位应当写“0”，不得用符号“–”代替。

（3）阿拉伯数字写错时应采用正确的方法进行更正，若填写凭证时金额写错或遗漏，不能涂改，要重新填写；若过账错误应采用划线更正法进行更正。

1.10.2 中文大写数字的书写规定

1.大写数字的书写

为防止对重要数据的篡改，比较重要的文件上的数据常常需要写出其大写数字。这些大写数字笔画较多，不易混淆和修改（如图1–2所示）。

0	1	2	3	4	5	6	7	8	9	十	百	千	万	亿	元	角	分
零	壹	贰	叁	肆	伍	陆	柒	捌	玖	拾	佰	仟	万	亿	圆	角	分

图1–2 大写数字书写格式

技能训练1-2

按要求书写小写和大写数字。

2.大写金额的书写

（1）大写金额写“整”规则（见表1–1）。

表1–1 大写金额写“整”规则

小写数字	大写规则	实例	
		小写	大写
无角无分的	要写“整”字	¥108.00	人民币壹佰零捌元整
有角无分的		¥108.20	人民币壹佰零捌元贰角整
有角有分的	不写“整”字	¥108.21	人民币壹佰零捌元贰角壹分

（2）大写金额写“零”规则（见表1–2）。

表1–2 大写金额写“零”规则

小写数字	大写规则	实例	
		小写	大写
中间只有一个“0”的	只写一个“零”字	¥108.00	人民币壹佰零捌元整
中间连续有几个“0”的		¥10 008.00	人民币壹万零捌元整
元位是“0”的	不写“零”字	¥1 080.50	人民币壹仟零捌拾元伍角整
		¥10 800.50	人民币壹万零捌佰元伍角整
		¥100 080.50	人民币壹拾万零捌拾元伍角整

（3）大写金额前应标明“人民币”字样，大写金额应紧接“人民币”字样填写，不得留有空白。大写金额前未印“人民币”字样的，应加填“人民币”三字。在票据和结算凭证大写金额栏内不得预印固定的“仟、佰、拾、万、仟、佰、拾、元、角、分”字样。

知识扩展

出纳属于会计岗位的一种，是按照有关规定和制度，办理本单位的现金收付，保管库存现金、有价证券、财务印章及有关票据等工作的总称。那么，在实际工作中，对会计机构和人员又有哪些规定呢？

（一）会计机构和代理记账

1.会计机构

会计机构，是指各单位办理会计事务的职能部门。根据《会计法》的规定，各单位应当根据会计业务的需要，设置会计机构，或者在有关机构中设置会计人员并指定会计主管人员；不具备设置条件的，应当委托经批准从事会计代理记账业务的中介机构代理记账。

2.代理记账

代理记账，是指代理机构接受委托办理会计业务。代理记账机构是指依法取得代理记账资格，从事代理记账业务的机构。没有设置会计记账机构或者配备会计人员的单位，可以委托会计师事务所或者持有代理记账许可证书的代理记账机构进行代理记账。除会计师事务所以外的机构从事代理记账业务，应当经县级以上人民政府财政部门批准，领取由财政部统一规定样式的代理记账许可证书。代理记账机构可以接受委托办理下列业务：

（1）根据委托人提供的原始凭证和其他相关资料，按照国家统一的会计制度的规定进行会计核算，包括审核原始凭证、填制记账凭证、登记会计账簿、编制财务会计报告等；

（2）对外提供财务会计报告；

（3）向税务机关提供税务资料；

（4）委托人委托的其他会计业务。

代理记账机构为委托人编制的财务会计报告，经代理记账机构负责人和委托人负责人签名并盖章后，按照有关法律、法规和国家统一的会计制度的规定对外提供。

（二）会计人员

1.会计工作岗位设置

各单位应当根据会计业务需要设置会计工作岗位。会计工作岗位一般可分为：会计机构负责人或者会计主管人员、出纳、财产物资核算、工资核算、成本费用核算、财务成果核算、资金核算、往来结算、总账报表、稽核、档案管理等。会计工作岗位，可以一人一岗、一人多岗或者一岗多人。但出纳人员不得兼任（兼管）稽核、会计档案保管和收入、支出、费用、债权债务账目的登记工作。会计人员的工作岗位应当有计划地进行轮换。档案管理部门的人员管理会计档案，不属于会计岗位。

2.会计机构负责人

会计机构负责人或会计主管人员，是在一个单位内具体负责会计工作的中层领导人员。担任单位会计机构负责人（会计主管人员）的，应当具备会计师以上专业技术资格或者从事会计工作3年以上经历。

3.会计人员回避制度

国家机关、国有企业、事业单位任用会计人员应当实行回避制度。单位领导人的直系亲属不得担任本单位的会计机构负责人（会计主管人员）。会计机构负责人（会计主管人员）的直系亲属不得在本单位会计机构中担任出纳工作。需要回避的直系亲属为：夫妻关系、直系血亲关系、三代以内旁系血亲以及配偶亲关系。

（三）会计工作的禁入规定

因有提供虚假财务会计报告，做假账，隐匿或者故意销毁会计凭证、会计账簿、财务会计报告，贪污，挪用公款，职务侵占等与会计职务有关的违法行为被依法追究刑事责任的人员，不得再从事会计工作。

因伪造、变造会计凭证、会计账簿，编制虚假财务会计报告，隐匿或者故意销毁依法应当保存的会计凭证、会计账簿、财务会计报告，尚不构成犯罪的，5年内不得从事会计工作。

会计人员具有违反国家统一的会计制度的一般违法行为，情节严重的，5年内不得从事会计工作。

（四）会计专业职务与会计专业技术资格

1.会计专业职务（会计职称）

会计人员职称层级分为初级、中级、副高级和正高级。初级职称只设助理级，高级职称分设副高级和正高级。初级、中级、副高级和正高级职称名称依次为会计员和助理会计师、会计师、副高级会计师和正高级会计师。

2.会计专业技术资格

会计专业技术资格分为初级资格、中级资格和高级资格三个级别，分别对应初级、中级、副高级会计职称（会计专业职务）的任职资格。目前，初级、中级资格实行全国统一考试制度，高级会计师资格实行考试与评审相结合制度。详细分类见表1-3。

表1-3　会计专业职务（会计职称）和会计专业技术资格

会计专业职务（会计职称）		会计专业技术资格	
正高级职务	正高级会计师	—	
副高级职务	副高级会计师	高级资格	考试与评审相结合
中级职务	会计师	中级资格	全国统一考试
初级职务	会计员、助理会计师	初级资格	

（五）会计人员继续教育

国家机关、企业、事业单位以及社会团体等组织具有会计专业技术资格的人员，或不具有会计专业技术资格但从事会计工作的人员享有参加继续教育的权利和接受继续教育的义务。用人单位应当保障本单位会计专业技术人员参加继续教育的权利。

具有会计专业技术资格的人员应当自取得会计专业技术资格的次年开始参加继续教育，并在规定时间内取得规定学分。不具有会计专业技术资格但从事会计工作的人员应当自从事会计工作的次年开始参加继续教育，并在规定时间内取得规定学分。

继续教育内容包括公需科目和专业科目。公需科目包括专业技术人员应当普遍掌握的法律法规、政策理论、职业道德、技术信息等基本知识。专业科目包括会计专业技术人员从事会计工作应当掌握的财务会计、管理会计、财务管理、内部控制与风险管理、会计信息化、会计职业道德、财税金融、会计法律法规等相关专业知识。

会计专业技术人员参加继续教育实行学分制管理。每年参加继续教育取得的学分不少于90学分，其中，专业科目一般不少于总学分的2/3。会计专业技术人员参加继续教育取得的学分，在全国范围内当年度有效，不得结转以后年度。

（六）总会计师

总会计师是主管本单位会计工作的行政领导，是单位行政领导成员，协助单位主要行政领导工作，直接对单位主要行政领导负责。凡设置总会计师的单位，在单位行政领导成员中，不设与总会计师职权重叠的副职。

《会计法》规定国有的和国有资产占控股地位或者主导地位的大、中型企业必须设置总会计师。《总会计师条例》规定，事业单位和业务主管部门根据需要，经批准可以设置总会计师。其他单位可以根据业务需要，自行决定是否设置总会计师。

总会计师由具有会计师以上专业技术资格的人员担任，组织领导本单位的财务管理成本管理、预算管理、会计核算和会计监督等方面的工作，参与本单位重要经济问题的分析和决策。

拓展训练

一、大写数字练习

零	壹	贰	叁	肆	伍	陆	柒	捌	玖	拾	佰	仟	万	亿

二、把下列各人民币小写金额写成大写金额

1.￥3 458.08 应写成：

2.￥916.00 应写成：

3.￥532 456.48 应写成：

4.￥900 007.01 应写成：

5.￥540 056.43 应写成：

6.￥309 456.00 应写成：

7.￥92 456.00 应写成：

8.￥52 400.02 应写成：

9.￥987 008 600.08 应写成：

10.￥36 552 400.05 应写成：

三、把下列各人民币大写金额写成小写金额

1.人民币伍拾元整 应写成：

2.人民币柒佰叁拾元壹角捌分 应写成：

3.人民币陆拾元伍角捌分 应写成：

4.人民币壹仟元零壹分 应写成：

5.人民币玖佰叁拾元叁角整 应写成：

6.人民币贰拾万零陆佰叁拾元肆角陆分 应写成：

7.人民币捌仟零叁万元整 应写成：

8.人民币肆拾元玖角贰分 应写成：

9.人民币贰元柒角叁分 应写成：

10.人民币捌万零陆佰叁拾元伍角玖分 应写成：

四、单项选择题

1.下列关于会计专业技术资格的表述中，正确的是（　　）。

A.中级、高级会计资格均实行考试与评审相结合制度

B.会计专业职务分为总会计师、高级会计师、会计师、助理会计师和会计员

C.具有初级会计资格的大专毕业人员，如担任会计员职务满2年可聘任助理会计师职务

D.会计专业技术人员参加继续教育，每年累计不少于24学分

2.担任单位会计机构负责人（会计主管人员）的，应当具备（　　）以上专业技术职务资格或者从事会计工作3年以上经历。

A.高级会计师　　B.会计师

C.助理会计师　　D.会计员

3.下列选项中出纳人员可以保管的是（　　）。

A.费用账目　　B.会计档案

C.债权、债务账目　　D.现金收付账目

4.一般会计人员办理会计工作交接时，负责监交的人员应当是（　　）。

A.其他会计人员　　B.会计机构负责人（会计主管人员）

C.单位负责人　　D.主管单位有关人员

5.国有企业中，（　）没有违背会计法律规定的回避制度。

A.法人代表的妻子担任本单位财务部门经理

B.会计科长的女儿担任本部门出纳员

C.董事长的养子担任财务部门经理

D.财务处处长的同学担任本部门出纳员

6.各单位应依据（　），设置会计机构，或者在有关机构中设置会计人员并指定会计主管人员；不具备设置条件的，应当委托经批准设立从事会计代理记账业务的中介机构代理记账。

A.单位规模的大小　　B.经营管理的需要

C.会计业务的需要　　D.经济业务和财务收支的繁简

7.会计工作交接中，所有会计资料必须完整无缺。如有短缺，必须查明原因，并在移交清册中加以说明，由（　）负责。

A.接管人　　B.移交人

C.会计机构负责人　　D.会计主管

8.根据会计法律制度的规定，下列表述中，错误的是（　）。

A.不具有会计专业技术资格，从事会计工作的人员无须参加继续教育

B.用人单位应当保障本单位会计专业技术人员参加继续教育的权利

C.国有资产占控股地位的大中型企业必须设置总会计师

D.继续教育内容既包括职业道德、理论政策等公需科目，也包括专业科目

9.下列关于企业会计工作岗位设置中不正确的是（　）。

A.一人一岗　　B.多岗多人

C.一人多岗　　D.一岗多人

10.下列关于甲公司会计工作交接的说法中，正确的是（　）。

A.出纳孙某离职，公司安排往来会计刘某监交

B.往来会计刘某离职，公司安排总账会计张某监交

C.总账会计张某离职，公司安排财务经理李某监交

D.财务经理李某离职，公司安排办公室主任赵某监交

11.会计人员应了解和掌握《会计法》和国家统一会计制度及其他会计相关的法律制度，这是会计职业道德中（　）的基本要求。

A.爱岗敬业　　B.诚实守信

C.坚持准则　　D.客观公正

12.张某大学毕业后从事会计工作，自认为在大学所学知识足以应付本职工作，故平时疏于钻研业务，工作中差错不断，张某违反了（　）的会计职业道德内容要求。

A.坚持准则　　B.提高技能

C.客观公正　　D.强化服务

13.会计人员克服“贪”“占”“欲”，拒绝受贿和监守自盗等贪污行为，这是会计职业道德中（　　）原则的具体体现。

A.廉洁自律　　B.爱岗敬业

C.提高技能　　D.强化服务

14.张某是一有限责任公司的会计，因工作原因接触到一些客户的个人信息，且经常与同事谈论，张某的行为违反的会计职业道德是（　　）。

A.诚实守信　　B.廉洁自律

C.客观公正　　D.强化服务

15.“严肃认真，一丝不苟”是会计职业道德中（　　）的基本要求。

A.服务群众　　B.爱岗敬业

C.提高技能　　D.参与管理

16.用道德观念自觉地抵制自己的不良欲望，体现的是（　　）的要求。

A.参与管理　　B.廉洁自律

C.提高技能　　D.强化服务

17.根据会计法律制度的规定，会计专业技术人员参加继续教育实行学分制管理，每年参加继续教育取得的学分不得低于（　　）。

A.30学分　　B.90学分

C.60学分　　D.15学分

18.下列岗位属于会计岗位的是（　　）。

A.单位独立的档案管理岗位　　B.注册会计师

C.仓库保管员　　D.工资核算岗位

19.高级会计师资格的取得实行（　　）制度。

A.审批　　B.审核

C.全国统一　　D.考试与评审相结合

20.按照规定，（　　）任用会计人员应当实行回避制度。

A.国家机关、国有企业、事业单位

B.国家机关、国有企业、企事业单位

C.国有企业、企事业单位、外资企业

D.国有企业、事业单位、外资企业

五、多项选择题

1.根据会计法律制度的规定，关于会计人员继续教育的下列说法中，正确的有（　　）。

A.凡是用人单位的会计人员应当接受会计人员继续教育

B.会计人员继续教育的主要内容是加强会计职业道德的培训以提高会计人员职业道德水平

C.用人单位应当保障会计人员参加会计继续教育的权利

D.会计人员每年参加继续教育取得的学分不得少于24学分，其中专业科目一般不

少于总学时的2/3

2.下列关于会计人员回避制度的表述中，正确的有（ ）。

A.单位负责人的直系亲属不得担任本单位的会计机构负责人

B.单位负责人的直系亲属不得担任本单位的出纳工作

C.会计机构负责人的直系亲属不得担任本单位的出纳工作

D.出纳不得兼任稽核、会计档案保管和债权债务账目的登记工作

3.一个单位会计机构内部根据业务分工而设置的从事会计工作、办理会计事项的具体职位包括（ ）。

A.注册会计师

B.会计机构内会计档案管理人员

C.单位负责人

D.出纳

4.会计专业职务的初级职务有（ ）。

A.高级会计师

B.会计师

C.助理会计师

D.会计员

5.下列属于代理记账机构及其从业人员的义务的有（ ）。

A.按照委托合同办理代理记账业务，遵守有关法律、行政法规和国家统一的会计制度的规定

B.对在执行业务中知悉的商业秘密应当保密

C.对委托人示意其作出不当的会计处理，提供不实的会计资料，以及其他不符合法律、行政法规和国家统一的会计制度规定的要求，应当拒绝

D.对委托人提出的有关会计处理原则问题应当予以解释

6.下列关于移交人员和接管人员责任的说法中，正确的有（ ）。

A.移交人员应该对所移交的会计资料的真实性和完整性负责

B.接管人员对所接管的会计资料的真实性、完整性负责

C.接管人员在交接时未发现所接管资料的真实性、完整性方面的问题，如果事后发现，应由移交人员负责

D.接管人员在交接时未发现所接管资料的真实性、完整性方面的问题，如果事后发现，应由接管人员负责；交接时发现的问题由移交人员负责

7.根据规定，对担任单位会计机构负责人的要求包括（ ）。

A.从事会计工作三年以上的经历

B.会计师以上专业技术资格

C.从事会计工作一年以上经历

D.取得注册会计师证书

8.代理记账机构的业务范围包括（ ）。

A.根据委托人提供的原始凭证和其他资料，按照国家统一的会计制度的规定进行会计核算

B.对外提供财务会计报告

C.向税务机关提供税务资料

D.委托人委托的其他会计业务

9.下列各项中，属于出纳人员不得兼管的工作有（　　）。

A.稽核　　B.会计档案保管

C.登记银行存款日记账　　D.登记收入总账

10.某档案馆设有以下岗位，其中属于会计工作岗位的有（　　）。

A.财产物资的收发、增减核算岗位

B.档案部门档案管理岗位

C.工资核算岗位

D.单位内部审计岗位

11.下列关于会计职业道德和会计法律制度的关系的说法中，正确的有（　　）。

A.两者在内容上相互吸收

B.两者在内容上相互渗透

C.两者在作用上相互补充

D.两者在性质上基本一致

12.下列各项中，体现会计职业道德“诚实守信”要求的有（　　）。

A.安心工作、任劳任怨

B.做老实人、说老实话、办老实事

C.保守秘密、不为利益所诱惑

D.执业谨慎、信誉至上

13.下列关于爱岗敬业的基本要求的表述中，正确的有（　　）。

A.只有安心本职工作，才能真正地做到敬业

B.没有严肃认真的工作态度和一丝不苟的工作作风，会计工作就可能出现偏差

C.会计人员只有正确地认识会计本质，树立职业荣誉感，才有可能去爱岗敬业

D.尽职尽责具体表现为社会或他人对会计人员规定的责任以及会计人员对社会或他人所负的道义责任

14.小王是某代理记账公司提供专业服务的会计人员，其在下列为客户提供的服务中，违背会计职业道德要求的做法有（　　）。

A.向委托单位提出改进内部会计控制建议

B.利用专业知识向委托单位提出逃税建议

C.向委托单位提出合理降低成本建议

D.为帮助委托单位负责人完成年度业绩，提出将固定资产折旧和银行借款利息挂账处理建议

15.会计职业道德与会计法律制度的区别主要有（　　）。

A.性质不同　　B.作用范围不同

C.表现形式不同　　D.实施保障机制不同

六、判断题

1.赵某为某国有企业的负责人，他将其朋友的妻子张某安排在本部门担任会计机构

负责人，他的这一行为违背了会计人员回避制度。 ( )

2.会计人员职称层级分为初级、中级、副高级和正高级。初级、中级、副高级和正高级职称名称依次为助理会计师、会计师、高级会计师和正高级会计师。 ( )

3.会计职业道德规范中的“廉洁自律”的基本要求是树立正确的人生观和价值观、保密守信，不为利益所诱惑。 ( )

4.会计人员依法保守单位秘密，体现了会计职业道德中的“诚实守信”。 ( )

5.会计机构负责人（会计主管人员）是指在一个单位内具体负责会计工作的高层领导人员。 ( )

6.财务经理离职的交接与普通财务人员的交接程序、内容完全一致。 ( )

7.当记账人员或者会计机构负责人调动工作时，只要在账簿的登账处注明交接日期、接办人员和监交人员姓名，并由交接双方签字或者盖章即可。 ( )

8.国家机关、国有企业、事业单位的单位负责人的直系亲属可以担任本单位会计机构负责人。 ( )

9.出纳人员不得兼任稽核、收入、支出、费用和债权债务账目的登记工作，但是可以保管会计档案。 ( )

10.会计人员因感冒请假一天暂时不能工作，会计机构负责人（会计主管人员）或单位负责人必须指定有关人员接替或者代理，并办理会计工作交接手续。 ( )

第2章

银行支付结算

教学目标

（1）能够正确进行银行账户的开立、变更和撤销；

（2）正确办理支票、银行汇票、银行本票、商业汇票、信用卡、汇兑、委托收款等银行结算业务。

思政目标

通过相关理论知识和实务的学习，培养学生的团队合作和协作精神、踏实肯干的工作作风和主动、热情、耐心的服务意识。

各单位间由于商品交易、劳务供应、资金调拨等经济业务会引起货币收付结算，结算通常有现金结算和转账结算两种方式。结算方式的选择可根据不同经济往来的特点、形式及需要确定。现金结算是收付双方直接以现金进行的收付行为；转账结算也称为银行结算，是通过银行或网上支付平台将款项从付款单位账户划转到收款单位账户的货币收付行为。

2.1 支付结算概述

2.1.1 支付结算的概念

支付结算是指单位、个人在社会经济活动中使用票据、银行卡和汇兑、托收承付、委托收款等结算方式进行货币给付及资金清算的行为。银行是支付结算和资金清算的中介机构。未经中国人民银行批准的非银行金融机构和其他单位不得作为中介机构经营支付结算业务。

2.1.2 主要支付工具

传统的人民币非现金支付工具主要包括“三票一卡”和结算方式。“三票一卡”是指汇票、本票、支票和银行卡；结算方式是指汇兑、托收承付和委托收款等。票据和汇兑是我国经济活动中不可或缺的重要支付工具，被广大单位和个人广泛使用，并在大额支付中占据主导地位；银行卡、第三方支付，在小额支付中占据主导地位；随着互联网的快速发展，网上银行、第三方支付等电子化支付方式得到快速发展。

2.1.3　支付结算的原则

（1）恪守信用，履约付款原则。

（2）谁的钱进谁的账、由谁支配原则。银行在办理结算时，必须按照存款人的委托，将款项支付给其指定的收款人；对存款人的资金，除国家法律另有规定外，必须由其自由支配。

（3）银行不垫款原则。银行在办理结算的过程中，只负责办理结算当事人之间的款项划拨，不承担垫付任何款项的责任。

2.1.4　支付结算的基本要求

（1）单位、个人和银行办理支付结算必须使用按中国人民银行统一规定印制的票据和结算凭证。未使用中国人民银行统一规定格式的结算凭证，银行不予受理。

（2）单位、个人和银行应当按照《人民币银行结算账户管理办法》的规定开立、使用账户。

（3）票据和结算凭证上的签章和其他记载事项应当真实，不得伪造、变造。

所谓“伪造”，是指无权限人假冒他人或虚构他人名义签章的行为；所谓“变造”，是指无权更改票据内容的人，对票据上签章以外的记载事项加以改变的行为。

票据和结算凭证上的签章，为签名、盖章或者签名加盖章；单位、银行在票据上的签章和单位在结算凭证上的签章，为该单位、银行的公章加其法定代表人或者其授权的代理人的签名或者盖章。

票据和结算凭证的金额、出票或者签发日期、收款人名称不得更改，更改的票据无效；更改的结算凭证，银行不予受理。对票据和结算凭证上的其他记载事项，原记载人可以更改，更改时应当由原记载人在更改处签章证明。

（4）填写票据和结算凭证应当规范，做到要素齐全、数字正确、字迹清晰、不错不漏、不潦草，防止涂改。

①关于收款人名称：单位和银行的名称应当记载全称或规范化简称。

②关于出票日期：票据的出票日期必须使用中文大写。为防止变造票据的出票日期，在填写月、日时，月为“壹”、“贰”和“壹拾”的，日为“壹”至“玖”以及“壹拾”、“贰拾”和“叁拾”的，应当在其前加零；日为“拾壹”至“拾玖”的，应当在其前加壹。如1月15日，应写成零壹月壹拾伍日；10月20日，应写成零壹拾月零贰拾日。

③关于金额：票据和结算凭证金额以中文大写和阿拉伯数码同时记载，二者必须一致，二者不一致的票据无效；二者不一致的结算凭证，银行不予受理。

2.2 银行结算账户

2.2.1 银行结算账户的概念和种类

银行结算账户是指银行为存款人开立的办理资金收付结算的活期存款账户。

银行结算账户按存款人不同分为单位银行结算账户和个人银行结算账户。存款人以单位名称开立的银行结算账户为单位银行结算账户。单位银行结算账户按“用途”不同，分为基本存款账户、一般存款账户、专用存款账户和临时存款账户。个体工商户凭营业执照以字号或经营者姓名开立的银行结算账户纳入单位银行结算账户管理。存款人凭个人身份证件以自然人名称开立的银行结算账户为个人银行结算账户。

2.2.2 银行结算账户的开立、变更和撤销

1.开立（如图2-1所示）。

图2-1　银行结算账户开立的程序

存款人开立单位银行结算账户，自正式开立之日起3个工作日后，方可使用该账户办理付款业务。但注册验资的临时存款账户转为基本存款账户和因借款转存开立的一般存款账户除外。

小提示2-1

除国家法律、行政法规和国务院规定外，任何单位和个人不得强令存款人到指定银行开立银行结算账户。

小提示2-2

单位在开户申请上的签章只能是公章而不是财务专用章。

2.变更。

存款人更改名称，但不改变开户银行及账号的，应于5个工作日内向开户银行提出银行结算账户的变更申请，并出具有关部门的证明文件。

单位的法定代表人或主要负责人、住址以及其他开户资料发生变更时，应于5个工作日内书面通知开户银行并提供有关证明。

3.撤销。

（1）应当撤销银行结算账户的法定情形。

①被撤并、解散、宣告破产或关闭的；

②注销、被吊销营业执照的；

③因“迁址”需要变更开户银行的；

④因其他原因需要撤销银行结算账户的。

（2）撤销程序。

①存款人撤销银行结算账户，必须与开户银行核对银行结算账户存款余额，交回各种重要空白票据及结算凭证，银行核对无误后方可办理销户手续。

②企业因转户等原因撤销基本存款账户的，银行应打印已开立银行结算账户清单并交付企业。

（3）撤销顺序。

撤销银行结算账户时，应当先撤销一般存款账户、专用存款账户、临时存款账户，将账户资金转入基本存款账户后，方可办理基本存款账户的撤销。

（4）不得撤销银行结算账户的情形。

存款人尚未清偿其开户银行债务的，不得申请撤销该银行结算账户。

（5）强制撤销。

银行对一年未发生收付活动且未欠开户银行债务的单位银行结算账户，应通知单位自发出通知之日起30日内办理销户手续，逾期视同自愿销户，未划转款项列入久悬未取专户管理。

2.2.3 各类银行结算账户的开立和使用

1.基本存款账户。

基本存款账户是办理转账结算和现金收付的主办账户，经营活动的日常资金收付以及工资、奖金和现金的支取均可通过该账户办理。存款人只能在银行开立一个基本存款账户。

开户证明文件：

（1）法人企业，应出具企业法人营业执照正本。

（2）非法人企业，应出具企业营业执照正本。

（3）机关和实行预算管理的事业单位，应出具政府人事部门或编制委员会的批文或登记证书和财政部门同意其开户的证明；非预算管理的事业单位，应出具政府人事部门或编制委员会的批文或登记证书。

（4）军队、武警团级（含）以上单位以及分散执勤的支（分）队，应出具军队军级以上单位财务部门、武警总队财务部门的开户证明。

（5）社会团体，应出具社会团体登记证书，宗教组织还应出具宗教事务管理部门的批文或证明。

（6）民办非企业组织，应出具民办非企业登记证书。

（7）外地常设机构，应出具其驻在地政府主管部门的批文。

（8）外国驻华机构，应出具国家有关主管部门的批文或证明；外资企业驻华代表处、办事处应出具国家登记机关颁发的登记证。

（9）个体工商户，应出具个体工商户营业执照正本。

（10）居民委员会、村民委员会、社区委员会，应出具其主管部门的批文或证明。

（11）独立核算的附属机构，应出具其主管部门的基本存款账户开户许可证和批文。

（12）其他组织，应出具政府主管部门的批文或证明。

小提示2-3

个人不能开立基本存款账户。

小提示2-4

证明文件为营业执照正本、批文、证明或登记证书，此外还需提供“法定代表人身份证件”，如委托办理，还需提供委托人的身份证件。

2.一般存款账户。

（1）一般存款账户的概念。

一般存款账户是指存款人因借款或其他结算需要，在基本存款账户开户银行以外的银行营业机构开立的银行结算账户。

（2）开户证明文件。

①基本存款账户开户许可证或企业基本存款账户编号；

②开立基本存款账户规定的证明文件；

③存款人因向银行借款需要，应出具借款合同；

④存款人因其他结算需要，应出具有关证明。

（3）使用范围。

一般存款账户用于办理存款人借款转存、借款归还和其他结算的资金收付，该账户可以办理现金缴存，但不得办理现金支取。

小提示2-5

开立一般存款账户没有数量限制。

3.专用存款账户。

（1）专用存款账户的概念。

专用存款账户是存款人按照法律、行政法规和规章，对其特定用途资金进行专项管理和使用而开立的银行结算账户。

（2）使用规定（见表2-1）。

（3）开户要求。

出具其开立基本存款账户规定的证明文件、基本存款账户开户许可证或企业基本存款账户编号和各项专用资金的有关证明文件。

表 2-1　使用规定

各类专用账户	具体使用规定
单位银行卡账户	资金必须由基本存款账户转入，该账户不得办理现金收付业务
(1) 证券交易结算资金账户 (2) 期货交易保证金账户 (3) 信托基金账户	不得支取现金
(1) 基本建设资金账户 (2) 更新改造资金账户 (3) 政策性房地产开发资金账户	需要支取现金的，应在开户时报中国人民银行当地分支行批准
(1) 粮、棉、油收购资金账户 (2) 社会保障基金账户 (3) 住房基金账户 (4) 党、团、工会经费账户	支取现金应按照国家现金管理的规定办理
收入汇缴账户	除向其基本存款账户或预算外资金财政专用存款账户划缴款项外，只收不付，不得支取现金
业务支出账户	除从其基本存款账户拨入款项外，只付不收，可以按规定支取现金

4.预算单位零余额账户。

(1) 预算单位使用财政性资金，应当按照规定的程序和要求，向财政部门提出设立零余额账户的申请，财政部门同意预算单位开设零余额账户后通知代理银行。

(2) 代理银行根据《人民币银行结算账户管理办法》的规定，具体办理开设预算单位零余额账户业务，并将所开账户的开户银行名称、账号等详细情况书面报告财政部门和中国人民银行，并由财政部门通知一级预算单位。

(3) 预算单位根据财政部门的开户通知，具体办理预留印鉴手续。印鉴卡内容如有变动，预算单位应及时通过一级预算单位向财政部门提出变更申请，办理印鉴卡更换手续。

(4) 一个基层预算单位开设一个零余额账户。

(5) 预算单位零余额账户用于财政授权支付，可以办理转账、提取现金等结算业务，可以向本单位按账户管理规定保留的相应账户划拨工会经费、住房公积金及提租补贴，以及财政部门批准的特殊款项，不得违反规定向本单位其他账户和上级主管单位、所属下级单位账户划拨资金。

5.临时存款账户。

(1) 临时存款账户的概念。

临时存款账户是指存款人因临时需要并在规定期限内使用而开立的银行结算账户。

（2）适用范围。

①设立临时机构：如设立工程指挥部、摄制组、筹备领导小组等。

②异地临时经营活动：如建筑施工及安装单位等在异地的临时经营活动。

③注册验资、增资。

④军队、武警单位承担基本建设或者异地执行作战、演习、抢险救灾、应对突发事件等临时任务。

（3）开户时不需要提供基本存款账户开户登记证（或企业基本存款账户编号）的情形：

①设立临时机构；

②境外（含港、澳、台地区）机构在境内从事经营活动；

③军队、武警单位因执行作战、演习、抢险救灾、应对突发事件等任务需要开立银行账户；

④验资临时账户。

（4）使用规定。

①临时存款账户的有效期最长不得超过2年。

②临时存款账户支取现金，应按照国家现金管理的规定办理。

③注册验资的临时存款账户在验资期间只收不付。

6.个人银行结算账户。

（1）个人银行结算账户的概念。

个人银行结算账户是存款人因投资、消费、结算等需要而凭个人身份证件以自然人名称开立的银行结算账户。

（2）分类及功能（见表2-2）。

表2-2 分类及功能

<table>
<tr><th colspan="2">项目类型</th><th>Ⅰ类</th><th colspan="2">Ⅱ类</th><th colspan="2">Ⅲ类</th></tr>
<tr><td rowspan="2">转账业务</td><td>向非绑定账户转“出”</td><td>√</td><td colspan="2">限额</td><td colspan="2">限额</td></tr>
<tr><td>向非绑定账户转“入”</td><td>√</td><td>限额</td><td rowspan="3">经银行工作人员面对面确认身份</td><td>限额</td><td>经银行工作人员面对面确认身份</td></tr>
<tr><td rowspan="2">现金业务</td><td>存入</td><td>√</td><td>限额</td><td colspan="2">×</td></tr>
<tr><td>支取</td><td>√</td><td>限额</td><td colspan="2">×</td></tr>
<tr><td colspan="2">购买投资理财等金融产品</td><td>√</td><td colspan="2">√</td><td colspan="2">×</td></tr>
<tr><td colspan="2">消费和缴费</td><td>√</td><td colspan="2">限额</td><td colspan="2">限额</td></tr>
<tr><td colspan="2">“限额”</td><td>—</td><td colspan="2">日累计≤1万元
年累计≤20万元</td><td colspan="2">任一时点账户余额≤2 000元</td></tr>
</table>

小提示2-6

银行通过Ⅱ类账户放贷及个人通过Ⅱ类账户还贷，不受转账限额规定。

小提示2-7

Ⅲ类账户不得发放实体介质（卡、折）。

（3）开户方式（见表2-3）。

表2-3　　开户方式

方式		可开立账户
柜面开户		Ⅰ、Ⅱ、Ⅲ
自助机具开户	工作人员现场核验	Ⅰ、Ⅱ、Ⅲ
	工作人员未现场核验	Ⅱ、Ⅲ
电子渠道开户		Ⅱ、Ⅲ

（4）开户证明文件。

存款人申请开立个人银行账户时，应向银行出具本人有效身份证件，银行通过有效身份证件仍无法准确判断开户申请人身份的，应要求其出具辅助身份证明材料，见表2-4。

表2-4　　开户证明文件

开户人		有效身份证件	辅助身份证明
中国大陆居民	定居国内	身份证、不满16周岁的可以使用户口簿	户口簿、护照、机动车驾驶证、居住证、社会保障卡、军人和武警身份证件、公安机关出具的户籍证明、工作证，军人、武警尚未领取居民身份证的，还应出具军人保障卡或所在单位开具的尚未领取居民身份证的证明材料
	定居国外	中国护照	定居国外的证明文件
中国港澳居民		来往内地通行证、港澳居民居住证	港澳特别行政区居民身份证
中国台湾居民		来往大陆通行证、中国台湾居民居住证	在中国台湾居住的有效身份证明
外国人		外国护照或永久居留证	外国居民身份证、使领馆人员身份证件或者机动车驾驶证等其他带有照片的身份证件
上述个人的完税证明、水电煤缴费单等税费凭证也可作为辅助身份证明			

（5）代理开户。

开户申请人开立个人银行结算账户或者办理其他个人银行账户业务，原则上应当由开户申请人本人亲自办理；符合条件的，可以由他人代理办理。

①代理人应出具代理人、被代理人的有效身份证件以及合法的委托书等。银行认为有必要的，应要求代理人出具证明代理关系的公证书。

②存款人开立代发工资、教育、社会保障、公共管理等特殊用途银行账户时，可由所在单位代理办理。单位代理个人开立银行账户的，应提供单位证明材料、被代理人有效身份证件的复印件或影印件。

③单位代理开立的个人银行账户，在被代理人持本人有效身份证件到开户银行办理身份确认、密码设（重）置等激活手续前，只收不付。

④无民事行为能力或限制民事行为能力的开户申请人，由法定代理人或者人民法院等有关部门依法指定的人员代理办理。

⑤因身患重病、行动不便、无自理能力等无法自行前往银行的存款人办理挂失、密码重置、销户等业务时，银行可采取上门服务方式办理，也可由配偶、父母或成年子女凭合法的委托书、代理人与被代理人的关系证明文件、被代理人所在社区居委会及以上组织或县级以上医院出具的特殊情况证明代理办理。

小提示2-8

无民事行为能力人或限制民事行为能力人，可以申请开立个人银行结算账户，但不得使用银行卡。

7.使用规定。

（1）单位从其银行结算账户支付给个人银行结算账户的款项，每笔超过5万元的，应向其开户银行提供付款依据。

（2）从单位银行结算账户支付给个人银行结算账户的款项应纳税的，税收代扣单位付款时应向其开户银行提供完税证明。

8.异地银行结算账户。

（1）概念。

异地银行结算账户，是存款人在其注册地或住所地行政区域之外（跨省、市、县）开立的银行结算账户。

（2）适用范围。

①营业执照注册地与经营地不在同一行政区域（跨省、市、县）需要开立基本存款账户的；

②办理异地借款和其他结算需要开立一般存款账户的；

③存款人因附属的非独立核算单位或派出机构发生的收入汇缴或业务支出需要开立专用存款账户的；

④异地临时经营活动需要开立临时存款账户的；

⑤自然人根据需要在异地开立个人银行结算账户的。

(3) 开立证明文件。

开立异地银行结算账户除出具开立基本存款账户、一般存款账户、专用存款账户和临时存款账户规定的证明文件和基本存款账户开户许可证或企业基本存款账户编号外，还应出具下列相应的证明文件：

①异地借款的存款人，在异地开立一般存款账户的，应出具在异地取得贷款的借款合同。

②因经营需要在异地办理收入汇缴和业务支出的存款人，在异地开立专用存款账户的，应出具隶属单位的证明。

存款人需要在异地开立个人银行结算账户，应出具在住所地开立账户所需的证明文件。

2.3 银行结算票据

2.3.1 票据的概念与特征

1.票据的含义和种类。

票据是指出票人依法签发的，约定自己或者委托付款人在见票时或指定的日期向收款人或持票人无条件支付一定金额的有价证券。票据法规定的票据包括：汇票、本票和支票。

2.票据的当事人。

票据当事人是指在票据关系中，享有票据权利和承担票据义务的主体。分为基本当事人和非基本当事人两种。

(1) 基本当事人。在票据作成和交付时就已存在的称为基本当事人。其包括出票人、付款人和收款人。基本当事人是构成票据上法律关系的必要主体，缺乏则票据关系不能成立。

①出票人。其是指在票据上签名并发出票据的人，或者说是签发票据的人。

②付款人。其是指出票人委托付款或自行承担付款责任的人。

③收款人。其是指票据正面记载的到期后有权收取票据所记载金额的人。

(2) 非基本当事人。在票据发出后通过各种票据行为而加入票据关系之中成为票据当事人的人为非基本当事人。其包括承兑人、背书人、被背书人、保证人等。

①承兑人。其是指接受汇票出票人的付款委托，同意承担支付票款义务的人，是汇票的主债务人。

②背书人与被背书人。背书人是指在转让票据时，在票据背面或粘单上签字或盖章，并将该票据交付给受让人的票据收款人或持有人。被背书人是指被记名受让票据或接受票据转让的人。背书后，被背书人成为票据新的持有人，享有票据的所有权利。

③保证人。其是指为票据债务提供担保的人，由票据债务人以外的第三人担当。保证人在被保证人不能履行票据责任时，以自己的资金履行票据责任，然后取得持票人的权利，向票据债务人追索。

3.票据的特征。

票据的特征为完全有价证券、文义证券、无因证券、金钱债权证券、要式证券、流通证券。

4.票据的功能。

票据的功能包括支付功能、汇兑功能、信用功能、结算功能、融资功能。

2.3.2 票据权利与责任

（1）票据权利的概念和分类。

票据权利是指票据持票人向票据债务人请求支付票据金额的权利，包括付款请求权和追索权。

付款请求权是指持票人出示票据要求付款的权利，是第一顺序权利。追索权是指票据当事人行使付款请求权遭到拒绝或有其他法定原因存在时，向其前手请求偿还票据金额及其他法定费用的权利，是第二顺序权利。

持票人可以不按照票据债务人的先后顺序，对其中任何一人、数人或者全体行使追索权。被追索人清偿债务后，与持票人享有同一权利。

（2）票据权利的取得。

①票据的取得必须给付对价。

②因税收、继承、赠予依法无偿取得票据的，不受给付对价的限制，但所享有的票据权利不得优于其前手。

③因欺诈、偷盗、胁迫或明知有上述情形出于恶意而取得票据的，不得享有票据权利。持票人因重大过失取得不符合票据法规定的票据的，也不得享有票据权利。

（3）票据权利的行使与保全。

票据权利的行使是指持票人请求票据的付款人支付票据金额的行为。票据权利的保全是指持票人为了防止票据权利的丧失而采取的措施。《中华人民共和国票据法》（以下简称《票据法》）通常对二者一并进行规定。票据权利行使和保全的方法通常包括按期提示和依法证明两种。《票据法》第四十条规定“汇票未按照规定期限提示承兑的，持票人丧失对其前手的追索权”；第六十五条规定“持票人不能出示拒绝证明、退票理由书或者未按照规定期限提供其他合法证明的，丧失对其前手的追索权。”

对于票据权利行使和保全的地点和时间，《票据法》统一规定为：“持票人对票据债务人行使票据权利，或者保全票据权利，应当在票据当事人的营业场所和营业时间内进行，票据当事人无营业场所的，应当在其住所进行。”

（4）票据丧失的补救。

票据丧失是指票据因灭失、遗失、被盗等原因而使票据权利人脱离其对票据的占有。票据一旦丧失，票据的债权人不采取措施补救就不能阻止债务人向拾获者履行义务，从而造成正当票据权利人经济上的损失。因此，需要进行票据丧失的补救。票据丧失后，可以采取挂失止付、公示催告和普通诉讼三种形式进行补救。

①挂失止付：丢失票据的权利人将情况通知付款人或代理付款人，由其审查后暂停对该票据的支付，具体包括：已承兑的商业汇票、支票、填明“现金”字样和代理付款人的银行汇票、填明“现金”字样的银行本票。挂失止付不是丧失票据后采取的必经措施，而是一种暂时的预防措施，最终要通过申请公示催告或提起普通诉讼来补救票据权利。

小提示2-9

只有确定付款人或代理付款人的票据丧失时才可进行挂失止付。

②公示催告：丢失票据的权利人向法院申请，由法院以公告方式通知不确定的利害关系人在规定的期限内向法院申报票据权利，逾期未申报者，由法院通过除权判决宣告所丧失票据无效。失票人应当在通知挂失止付后的3日内，也可以在票据丧失后，依法向“票据支付地”人民法院申请公示催告。申请公示催告的主体必须是可以背书转让的票据的最后持票人。

③普通诉讼：普通诉讼是指以丧失票据的人为原告，以承兑人或出票人为被告，请求法院判决其向失票人付款的诉讼活动。如果与票据上的权利有利害关系的人是明确的，无须公示催告，可按一般的票据纠纷向法院提起诉讼。

（5）票据权利的时效（见表2-5）。

表2-5 票据权利的时效

对象	票据	起算点	期限
对出票人或承兑人	商业汇票	自票据到期日起	2年
	银行汇票、本票	自出票日起	2年
	支票	自出票日起	6个月
追索与再追索	追索	自被拒绝承兑或者被拒绝付款之日起	6个月
	再追索	自清偿或者被提起诉讼之日起	3个月

2.3.3 票据行为

票据行为是指以在票据上签名或盖章为权利义务成立要件的法律行为。包括出票、背书、承兑、保证。

1.出票。

（1）票据的记载事项（见表2-6）。

表 2-6　票据的记载事项

事项	特征	举例
必须记载事项	不记载则票据行为无效	出票人签章
相对记载事项	不记载则按法律规定执行	付款地、出票地
任意记载事项	记载即产生法律效力，不记载不产生法律效力	“不得转让”字样
非法定记载事项	该记载事项不具有票据上的效力，银行不负审查责任	用途

（2）出票人的责任。

出票人因签发票据，则须保证该票据能够获得承兑或付款，否则应当向持票人承担清偿责任。

2. 背书。

（1）概念和种类。

背书是指在票据背面或者粘单上记载有关事项并签章的行为。以背书目的为标准，将背书分为转让背书和非转让背书。转让背书是指以转让票据权利为目的的背书，非转让背书是指以授予他人行使一定的票据权利为目的的背书。非转让背书包括委托收款背书和质押背书。

（2）背书记载事项（见表 2-7）。

表 2-7　背书记载事项

事项	具体内容	注意事项
必须记载事项	背书人签章	—
	被背书人名称	授权补记：背书人未记载被背书人名称即将票据交付他人的，持票人在被背书人栏内记载自己的名称与背书人记载具有同等法律效力
相对记载事项	背书日期	背书未记载日期的，视为在票据到期日前背书

票据凭证不能满足背书人记载事项的需要，可以加附粘单，粘附于票据凭证上。粘单的第一记载人，应当在票据和粘单的粘接处签章。

小提示 2-10

粘单的第一记载人是指第一手使用粘单的背书人。

（3）背书效力。

背书人以背书转让票据后，即承担保证其后手所持票据承兑和付款的责任。

以背书转让的票据，背书应当连续。持票人以背书的连续，证明其票据权利；非经背书转让，而以其他合法方式取得票据的，依法举证，证明其票据权利。

小提示2-11

非转让背书，不影响背书的连续性。

背书连续，是指在票据转让中，转让票据的背书人与受让票据的被背书人在票据上的签章依次前后衔接。具体来说，票据的第一背书人为票据收款人，最后的持票人为最后背书的被背书人，中间的背书人为前手背书的被背书人。

（4）背书的特别规定。

①条件背书：背书不得附有条件，背书附有条件的，所附条件不具票据上的效力。

②部分背书：部分背书是指将票据金额的一部分转让或者将票据金额分别转让给两人以上的背书。部分背书，背书无效。

③限制背书：出票人记载“不得转让”字样，票据不得背书转让。背书人在汇票上记载“不得转让”字样，其后手再背书转让的，原背书人对后手的被背书人不承担保证责任，其只对直接的被背书人承担责任。

小提示2-12

背书人记载“不得转让”不属于背书附条件。

④期后背书：期后背书是指被拒绝承兑、被拒绝付款或者超过付款提示期限的，不得背书转让；背书转让的，背书人应当承担票据责任。

3.承兑。

（1）承兑的概念：承兑是指汇票付款人承诺在汇票到期日支付汇票金额并签章的行为，仅适用于商业汇票。

（2）提示承兑。

①定日付款或者出票后定期付款：汇票到期日前提示承兑。

②见票后定期付款的汇票：自出票日起1个月内提示承兑。

（3）受理。

付款人应当在自收到提示承兑的汇票之日起3日内承兑或拒绝承兑。

（4）承兑的记载事项。

①必须记载事项：表明“承兑”的字样；承兑人签章。

②相对记载事项：承兑日期。见票后定期付款的汇票，应当在承兑时记载付款日期。汇票上未记载承兑日期的，应当以收到提示承兑的汇票之日起3日内的最后1日为承兑日期。

（5）承兑效力。

承兑不得附有条件，承兑附有条件的，视为拒绝承兑。

（6）出票人责任。

①出票人应于汇票“到期日前”，将汇票款项存入承兑银行。

②出票人于汇票到期日未能足额交存票款，承兑银行除凭票向持票人无条件付款

外，对出票人尚未支付的汇票金额按照每天0.5‰计收利息。

4.保证。

（1）保证的概念。

保证是指票据债务人以外的人，为担保特定债务人履行票据债务而在票据上记载有关事项并签章的行为。

国家机关、以公益为目的的事业单位、社会团体、企业法人的分支机构和职能部门作为票据保证人的，票据保证无效，但经国务院批准为使用外国政府或者国际经济组织贷款进行转贷，国家机关提供票据保证的，以及企业法人的分支机构在法人书面授权范围内提供票据保证的除外。

（2）记载事项。

保证人必须在票据或者粘单上记载下列事项：表明保证的字样；保证人名称和住所；被保证人的名称；保证日期；保证人签章。

保证人未记载被保证人名称的，已承兑的汇票的承兑人为被保证人；未承兑的汇票以出票人为被保证人。未记载保证日期的，出票日期为保证日期。

（3）保证责任。

保证人对合法取得汇票的持票人所享有的汇票权利，承担保证责任。但是，被保证人的债务因汇票记载事项欠缺而无效的除外。被保证的汇票，保证人应当与被保证人对持票人承担连带责任。

保证人为两人以上的，保证人之间承担连带责任。

（4）保证效力。

保证人对合法取得票据的持票人所享有的票据权利，承担保证责任。但是，被保证人的债务因票据记载欠缺而无效的除外。保证不得附有条件，附有条件的，不影响对票据的保证责任。保证人清偿汇票债务后，可以行使持票人对被保证人及其前手的追索权。

2.3.4 票据的追索

1.适用情形。

（1）到期后追索——到期后被拒绝付款。

（2）到期前追索——被拒绝承兑；承兑人或付款人死亡、逃匿；承兑人或付款人被依法宣告破产。

2.被追索人的确定。

（1）票据的出票人、背书人、承兑人和保证人对持票人承担连带责任。

（2）持票人行使追索权，可以不按照票据债务人的先后顺序，对其中任何一人、数人或者全体行使追索权。

（3）持票人对票据债务人中的一人或者数人已经进行追索的，对其他票据债务人仍可以行使追索权。

3.追索内容。

（1）持票人的追索内容。

①被拒绝付款的汇票金额；

②汇票金额从到期日或者提示付款日起至清偿日止，按照中国人民银行规定的利率计算的利息；

③取得有关拒绝证明和发出通知书的费用。

小提示2-13

追索金额不包括持票人的间接损失。

（2）被追索人的再追索内容。

①已经清偿的全部金额；

②再发生的利息；

③发出通知书的费用。

2.3.5　银行汇票

（1）概念和适用范围。

银行汇票是出票银行签发的，由其在见票时按照实际结算金额无条件支付给收款人或者持票人的票据。出票银行为银行汇票的付款人。银行汇票可用于转账，填明“现金”字样的银行汇票也可以支取现金。单位和个人的各种款项结算，均可使用银行汇票。

（2）出票。

①申请。申请人使用银行汇票，应向出票银行填写“银行汇票申请书”，填明收款人名称、汇票金额、申请人名称、申请日期等事项并签章，签章为预留银行的签章。申请人和收款人均为个人，需要使用银行汇票向代理付款人支取现金的，申请人须在“银行汇票申请书”上填明代理付款人名称，在“出票金额”栏先填写“现金”字样，后填写汇票金额。申请人或者收款人为单位的，不得在“银行汇票申请书”上填明“现金”字样。

②签发并交付。出票银行受理银行汇票申请书，收妥款项后签发银行汇票，并将银行汇票和解讫通知（如图2-2和图2-3所示）一并交给申请人。签发银行汇票必须记载下列事项：表明“银行汇票”的字样、无条件支付的承诺、出票金额、付款人名称、收款人名称、出票日期、出票人签章。欠缺记载上列事项之一的，银行汇票无效。

（3）实际结算金额。

收款人受理申请人交付的银行汇票时，应在出票金额以内，根据实际需要的款项办理结算，并将实际结算金额和多余金额准确、清晰地填入银行汇票和解讫通知的有关栏内。银行汇票的实际结算金额低于出票金额的，其多余金额由出票银行退交申请人。未填明实际结算金额和多余金额或者实际结算金额超过出票金额的，银行不予受理。实际结算金额一经填写不得更改，更改实际结算金额的银行汇票无效。未填写实际结算金额或者实际结算金额超过出票金额的银行汇票不得背书转让。

中国工商银行

银行汇票 2 第0075468号

付款期限
壹个月

出票日期（大写）贰零贰零年壹拾贰月零伍日	代理付款行：中国工商银行杭州市钱江支行 行号：2988
收款人：杭州环球有限责任公司	账号：1202021518090325917
出票金额人民币（大写）贰拾陆万元整	
实际结算金额人民币（大写）	千 百 十 万 千 百 十 元 角 分
申请人：广州星光有限责任公司	账号：4202167011809764589
出票行：中国工商银行广州市劳动支行	密押：
行号：113307	多余金额
备注：购货款	千 百 十 万 千 百 十 元 角 分
凭票付款 出票行签章	复核　　记账

中国工商银行广州市劳动支行
8000012398012
汇票专用章

赵岩

此联代理付款行付款后作联行往账借方凭证附件

图2-2　银行汇票

中国工商银行

银行汇票（解讫通知） 3 第0075468号

付款期限
壹个月

出票日期（大写）贰零贰零年壹拾贰月零伍日	代理付款行：中国工商银行杭州市钱江支行 行号：2988
收款人：杭州环球有限责任公司	账号：1202021518090325917
出票金额人民币（大写）贰拾陆万元整	
实际结算金额人民币（大写）	千 百 十 万 千 百 十 元 角 分
申请人：广州星光有限责任公司	账号：4202167011809764589
出票行：中国工商银行广州市劳动支行	密押：
行号：113307	多余金额
备注：购货款	千 百 十 万 千 百 十 元 角 分
代理付款行签章 复核　　记账	复核　　记账

此联代理付款行兑付后随报单寄出票行，由出票行作多余款贷方凭证

图2-3　解讫通知

（4）提示付款。

银行汇票的提示付款期限自出票之日起1个月。持票人超过付款期限提示付款的代理付款银行不予受理。持票人向银行提示付款时，须同时提交银行汇票和解讫通知，缺少任何一联，银行不予受理。持票人超过期限向代理付款银行提示付款却不获付款的，须在票据权利期内向出票银行作出说明，并提供本人身份证件或单位证明，持汇票和解

讫通知向出票银行请求付款。未在银行开立存款账户的个人银行汇票持票人可以向任何一家银行机构提示付款。

（5）退款和丧失。

申请人因银行汇票超过付款提示期或其他原因要求退款时，应将银行汇票和解讫通知同时提交到出票银行。申请人为单位的，应出具该单位证明；申请人为个人的，应出具申请人的身份证件。退款只能转入原申请人账户；填明“现金”字样银行汇票的退款，才能退付现金。申请人缺少解讫通知要求退款的，出票银行应于银行汇票提示付款期满1个月后办理。银行汇票丧失，失票人可以凭人民法院出具的其享有票据权利的证明，向出票银行请求付款或退款。

2.3.6　支票

（1）概念、种类及适用范围。

①概念。

支票是出票人签发的、委托办理支票存款业务的银行在见票时无条件支付确定的金额给收款人或者持票人的票据。

②种类。

支票分为现金支票、转账支票和普通支票三种。支票上印有“现金”字样的为现金支票（如图2-4和图2-5所示），现金支票只能用于支取现金。支票上印有“转账”字样的为转账支票（如图2-6和图2-7所示），转账支票只能用于转账。支票上未印有“现金”或“转账”字样的为普通支票，普通支票可以用于支取现金，也可用于转账。在普通支票左上角划两条平行线的，为划线支票，划线支票只能用于转账，不能支取现金。

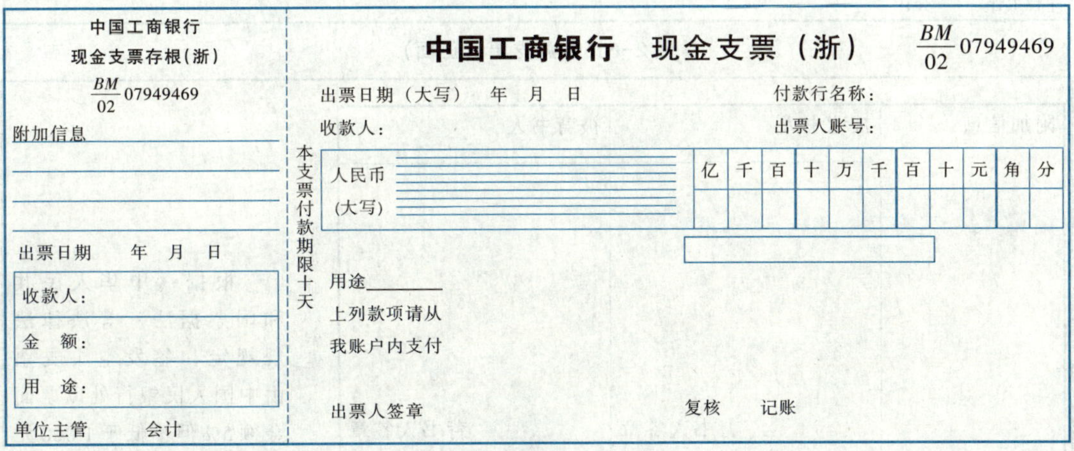
中国工商银行
现金支票存根（浙）
BM/02 07949469
附加信息
出票日期　年　月　日
收款人：
金　额：
用　途：
单位主管　　会计

中国工商银行　现金支票（浙）　BM/02 07949469
出票日期（大写）　年　月　日　　付款行名称：
收款人：　　出票人账号：
本支票付款期限十天
人民币（大写）

亿	千	百	十	万	千	百	十	元	角	分

用途
上列款项请从
我账户内支付
出票人签章　　复核　记账

图2-4　现金支票（正面）

③适用范围。

单位和个人的各种款项结算，均可以使用支票。全国支票影像系统支持全国使用。

附加信息：		
	收款人签章 年 月 日	（贴粘单处） 根据《中华人民共和国票据法》等法律法规规定，签发空头支票由中国人民银行处以票面金额5%但不低于1 000元的罚款。
	身份证件名称： 发证机关：	
	号码	

图2-5 现金支票（背面）

中国工商银行
转账支票存根（浙）
$\frac{BM}{02}$ 06391242
附加信息
出票日期 年 月 日
收款人：
金 额：
用 途：
单位主管 会计

本支票付款期限十天

中国工商银行 转账支票（浙） $\frac{BM}{02}$ 06391242

出票日期（大写） 年 月 日 付款行名称：
收款人： 出票人账号：

人民币 （大写）	亿	千	百	十	万	千	百	十	元	角	分

用途
上列款项请从
我账户内支付
出票人签章 复核 记账

图2-6 转账支票（正面）

附加信息：	被背书人	被背书人	
	背书人签章 年 月 日	背书人签章 年 月 日	（贴粘单处） 根据《中华人民共和国票据法》等法律法规规定，签发空头支票由中国人民银行处以票面金额5%但不低于1 000元的罚款。

图2-7 转账支票（背面）

（2）出票。

①支票的记载事项。

签发支票必须记载下列事项：表明“支票”的字样、无条件支付的委托、确定的金额、付款人名称、出票日期、出票人签章。支票上未记载前款规定事项之一的，支票无效。其中，支票的付款人为支票上记载的出票人开户银行。

支付的金额、收款人名称可以授权补记，未补记前不得背书转让和提示付款。出票人可以在支票上记载自己为收款人。支票上未记载付款地的，付款地为付款人的营业场所。支票上未记载出票地的，出票地为出票人的营业场所、住所地或经常居住地。

②签发要求。

支票的出票人签发支票的金额不得超过付款时在付款人处实有的金额。出票人签发的支票金额超过其付款时在付款人处实有的金额，为空头支票。禁止签发空头支票。支票的出票人不得签发与其预留本名的签名式样或印鉴不符的支票。

（3）付款。

①提示付款。支票的提示付款期限自出票日起10日。持票人可以委托开户银行收款或直接向付款人提示付款，用于支取现金的支票仅限于收款人向付款人提示付款。

持票人委托开户银行收款时，应作委托收款背书，在支票背面背书人签章栏签章，记载“委托收款”字样、背书日期，在被背书人栏记载开户银行名称，并将支票和填制的进账单送交开户银行。持票人为个人时，还需交验本人身份证件，并在支票背面注明证件名称、号码及发证机关。

②付款。出票人必须按照签发的支票金额承担保证向该持票人付款的责任。出票人在付款人处的存款足以支付支票金额时，付款人应当在见票当日足额付款。

2.3.7 商业汇票

（1）概念、种类和适用范围。

商业汇票是出票人签发的，委托付款人在指定日期无条件支付确定的金额给收款人或者持票人的票据。其按承兑人不同分为商业承兑汇票（如图2-8所示）和银行承兑汇票（如图2-9所示）。银行承兑汇票由银行承兑，商业承兑汇票由银行以外的付款人承兑。电子商业汇票是指出票人依托上海票据交易所电子商业汇票系统，以数据电文形式制作的，委托付款人在指定日期无条件支付确定的金额给收款人或者持票人的票据（如图2-10所示）。电子银行承兑汇票由银行业金融机构、财务公司承兑；电子商业承兑汇票由金融机构以外的法人或其他组织承兑。商业汇票的付款人为承兑人。在银行开立存款账户的法人以及其他组织之间，才能使用商业汇票。

商业承兑汇票　　2　　汇票号码

出票日期（大写）　年　月　日　　第　号

付款方	全　称		收款方	全　称		
	账　号			账　号		
	开户银行	行号		开户银行	行号	
出票金额	人民币（大写）				千 百 十 万 千 百 十 元 角 分	
汇票到期日		合同号码				
本汇票已经承兑，到期无条件支付票款。 承兑人签章 承兑日期　年　月　日					本汇票请予以承兑，于到期日付款。 出票人签章	

图 2-8　商业承兑汇票第二联

银行承兑汇票　　2　　汇票号码

出票日期（大写）　年　月　日　　第　号

出票人全称			收款人	全　称		
出票人账号				账　号		
付款行全称		行号		开户银行	行号	
出票金额	人民币（大写）				千 百 十 万 千 百 十 元 角 分	
汇票到期日		合同号码				
本汇票请你行承兑，此项汇票款我单位按承兑协议于到期日前足额存入你行，到期请予以支付。 出票人签章 年　月　日		本汇票已经承兑，到期日由本各市地付款。 承兑行签章 年　月　日 备注：			承兑协议编号： 科目（借）＿＿＿＿ 对方科目（贷）＿＿＿＿ 转账　年　月　日 复核　　记账	

图 2-9　银行承兑汇票第二联

电子商业承兑汇票

出票日期　贰零贰零年柒月贰拾陆日　　票据状态　背书待签收

汇票到期日　2020-07-25　　票号　2321653001145201907260443390104

出票人	全　称	中交第三公路工程局有限公司	收票人	全　称	天津市凯申商贸有限公司
	账　号	0114014210009264		账　号	02290001040013390
	开户银行	重庆三峡银行股份有限公司空港支行		开户银行	中国农业银行股份有限公司天津金信支行
出票保证信息	保证人姓名：		保证人地址：		保证日期：
票据金额	人民币（大写）壹佰万圆整				￥10 000 000.00
承兑人信息	全称	中交第三公路工程局有限公司	开户行行号	321653001145	
	账号	0114014210009264	开户行名称	重庆三峡银行股份有限公司空港支行	
交易合同号			承兑信息	出票人承诺：本汇票信息请予以承兑，到期无条件付款	
能否转让	可转让			承兑人承诺：本汇票已经承兑，到期无条件付款　承兑日期2020-07-26	
承兑保证信息	保证人姓名：		保证人地址：		保证日期：
评级信息（由出票、承兑人自己记载，仅供参考）	出票人	评级主体：中交第三公路工程局限公司	信用等级：		评级到期日：
	承兑人	评级主体：中交第三公路工程局限公司	信用等级：		评级到期日：
备注					

图2-10　电子商业汇票

小提示2-14

个人不能使用商业汇票。

（2）出票。

①出票人的资格条件。商业承兑汇票的出票人，为在银行开立存款账户的法人以及其他组织，并与付款人具有真实的委托付款关系，具有支付汇票金额的可靠资金来源。银行承兑汇票的出票人必须是在承兑银行开立存款账户的法人以及其他组织，并与承兑银行具有真实的委托付款关系，资信状况良好，具有支付汇票金额的可靠资金来源。出票人办理电子商业汇票，还应同时签约开办对公业务的企业网银等电子服务渠道、与银行签订《电子商业汇票业务服务协议》。单张出票金额在100万元以上的商业汇票原则上应全部通过电子商业汇票办理；单张出票金额在300万元以上的商业汇票应全部通过电子商业汇票办理。

②出票人的确定。商业承兑汇票可以由付款人签发并承兑，也可以由收款人签发交由付款人承兑；银行承兑汇票应由在承兑银行开立存款账户的存款人签发。

③出票的记载事项。签发商业汇票必须记载下列事项：表明“商业承兑汇票”或“银行承兑汇票”的字样、无条件支付的委托、确定的金额、付款人名称、收款人名称、出票日期、出票人签章。欠缺记载上述事项之一的，商业汇票无效。电子商业汇票信息以电子商业汇票系统的记录为准。电子商业汇票必须记载下列事项：表明“电子商业承兑汇票”或“电子银行承兑汇票”的字样；无条件支付的委托、确定的金额、出票人名称、付款人名称、收款人名称、出票日期、票据到期日、出票人签章。

（3）承兑。

商业汇票可以在出票时向付款人提示承兑后使用，也可以在出票后先使用再向付款人提示承兑。

付款人拒绝承兑的，须出具拒绝承兑证明。付款人承兑汇票后，应当承担到期付款的责任。

（4）票据信息登记与电子化。

纸质票据贴现前，金融机构办理承兑、质押、保证等业务，应当不晚于业务办理的次一工作日在票据市场基础设施（即上海票据交易所，其是中国人民银行指定的提供票据交易、登记托管、清算结算和信息服务的机构）完成相关信息登记工作。纸质商业承兑汇票完成承兑后，承兑人开户银行应当根据承兑人委托代其进行承兑信息登记。承兑信息未能及时登记的，持票人有权要求承兑人补充登记承兑信息。纸质票据票面信息与登记信息不一致的，以纸质票据票面信息为准。电子商业汇票的签发、承兑、质押、保证、贴现等信息，应当通过电子商业汇票系统同步传送至票据市场基础设施。

（5）商业汇票的贴现。

①概念。

商业汇票的贴现是指持票人在票据到期日前，将票据权利背书转让给金融机构，由其扣除一定利息后，将约定金额支付给持票人的票据行为。按交易方式，贴现分为买断式贴现和回购式贴现。

②贴现的条件。

A.票据未到期；

B.未记载不得转让字样；

C.持票人是在银行开立存款账户的企业法人以及其他组织；

D.持票人与出票人或者直接前手之间具有真实的商品交易关系。

③电子商业汇票贴现的必须记载事项。

贴出人名称、贴入人名称、贴现日期、贴现类型、贴现利率、实付金额、贴出人签章。

小提示2-15

信息不存在或纸质票据必须记载事项与已登记承兑信息不一致的不得办理贴现。

④贴现利息的计算。

贴现利息＝票面金额×日贴现率×贴现期

日贴现率＝年贴现率÷360

贴现期：自贴现日起至票据到期日止。实付贴限期为贴现日至汇票到期前1日。承兑人在异地的，贴现的期限应另加3天的划款日期。

（6）商业汇票的付款期限与提示付款期限（见表2-8）。

表2-8　商业汇票的付款期限与提示付款期限

项目	票据种类	起算点及长度
付款期限	纸质商业汇票	自出票日起最长不得超过6个月
	电子商业汇票	自出票日起最长不得超过1年
提示付款期限	远期商业汇票	自汇票到期日起10日
	即付商业汇票	自出票日起1个月

2.3.8 银行本票

1.概念和适用范围。

银行本票是出票人（银行）签发的，承诺自己在见票时无条件支付确定的金额给收款人或持票人的票据（如图2-11所示）。单位和个人在同一票据交换区域支付各种款项时，均可以使用银行本票。银行本票可以用于转账，注明现金字样的银行本票可以用于支取现金。

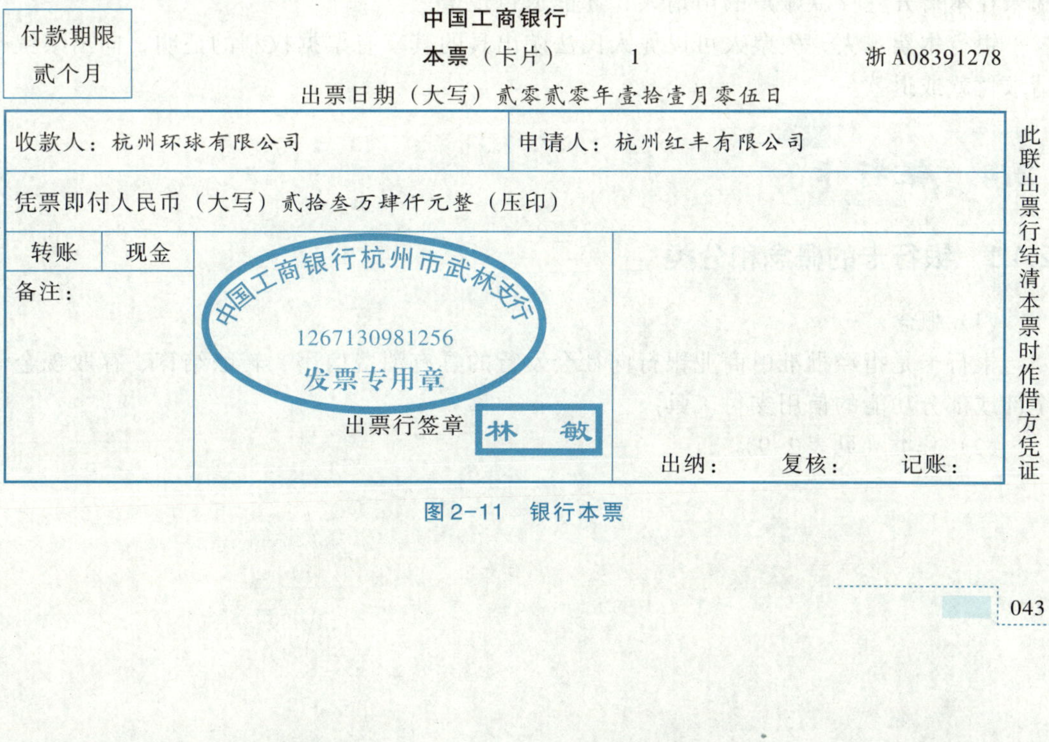
付款期限
贰个月
中国工商银行
本票（卡片）　1　浙A08391278
出票日期（大写）贰零贰零年壹拾壹月零伍日
收款人：杭州环球有限公司　申请人：杭州红丰有限公司
凭票即付人民币（大写）贰拾叁万肆仟元整（压印）
转账　现金
备注：
中国工商银行杭州市武林支行
1267130981256
发票专用章
出票行签章　林　敏
出纳：　复核：　记账：
此联出票行结清本票时作借方凭证

图2-11　银行本票

2.出票。

（1）申请。

申请人或收款人为单位的，不得申请签发现金银行本票。

（2）必须记载事项。

表明“银行本票”的字样、无条件支付的承诺、确定的金额、收款人名称、出票日期、出票人签章。

（3）交付。

申请人应将银行本票交付给本票上记明的收款人。收款人受理银行本票时，应审查下列事项：

①收款人是否确为本单位或本人；

②银行本票是否在提示付款期限内；

③必须记载的事项是否齐全；

④出票人签章是否符合规定，大小写出票金额是否一致；

⑤出票金额、出票日期、收款人名称是否更改，更改的其他记载事项是否由原记载人签章证明。

3.付款。

银行本票见票即付。提示付款期限自出票日起最长不得超过2个月。持票人超过提示付款期限不获付款的，在票据权利时效内向出票银行作出说明，并提供本人身份证件或单位证明，可持银行本票向出票银行请求付款。

4.退款和丧失。

申请人因银行本票超过提示付款期限或其他原因要求退款的，应将银行本票提交到出票银行。申请人为单位的，出具该单位证明；申请人为个人的，应出具本人的身份证件。在本行开立存款账户的申请人，只能将款项转入原申请人账户；对于现金银行本票和未在本行开立存款账户的申请人，才能退付现金。

银行本票丧失，失票人可以凭人民法院出具的其享有票据权利的证明，向出票银行请求付款或退款。

2.4 银行卡

2.4.1 银行卡的概念和分类

（1）概念。

银行卡是指经批准由商业银行向社会发行的具有消费信用、转账结算、存取现金等全部或部分功能的信用支付工具。

（2）分类（见表2-9）。

表2-9 银行卡的分类

分类标准	类别	子分类标准	子类别
是否可以透支	信用卡	是否向发卡银行交存备用金	贷记卡、准贷记卡
	借记卡	功能	转账卡、专用卡、储值卡
币种	人民币卡		
	外币卡	国内商户是否可受理	维萨、万事达、运通、大来
信息载体	磁条卡、芯片卡		
发行对象	单位卡、个人卡		
联名（认同）卡是商业银行与营利性机构／非营利性机构合作发行的银行卡附属产品			

2.4.2 银行卡账户和交易

（1）申领（见表2-10）。

表2-10 银行卡的申领

申领人	申领卡种	申领条件	提供证明
单位	单位卡	开立“基本存款账户”	开户许可证或基本存款账户编号
个人	银行卡（储值卡除外）	—	身份证件
	贷记卡	（1）年满18周岁； （2）有固定职业和稳定收入； （3）工作单位和户口在常住地； （4）填写申请表，并在持卡人处亲笔签字	本人及附属卡持卡人、担保人的身份证复印件

（2）注销。

①持卡人在还清全部交易款项、透支的本息和有关费用后，可申请办理销户。

②发卡行受理注销之日起45天后，被注销信用卡账户方能清户。

（3）挂失。

持卡人丧失银行卡的，应立即持本人身份证件或其他有效证明，向发卡银行或代办银行申请挂失。

（4）发卡银行追偿透支款项和诈骗款项的途径。

①扣减持卡人保证金；

②依法处理抵押物和质物；

③向保证人追偿透支款项。

2.4.3 人民币卡及外币卡

（1）个人人民币卡及个人外币卡（见表2-11）。

表2-11 个人人民币卡及个人外币卡

卡种	资金来源
个人人民币卡	（1）个人持有的现金存入； （2）个人的工资性款项、劳务报酬、投资回报等收入转账存入
个人外币卡	（2）个人持有的外币现钞存入； （2）从个人外汇账户（含外钞账户）转账存入

（2）单位人民币卡及外币卡（见表2-12）。

表2-12 单位人民币卡及外币卡

项目	单位人民币卡	单位外币卡
资金来源	一律从基本存款账户转账存入，不得存取现金，不得将销货收入存入	从其单位的外汇账户转账存入，不得在境内存取外币现钞
资金使用	可以办理商品交易和劳务供应款项的结算，但不得透支	
销户	转入其基本存款账户，不得提取现金	转回相应的外汇账户，不得提取现金

2.4.4 贷记卡

（1）特点：先消费后还款。

（2）非现金交易优惠政策：

①免息还款期：从银行记账日至发卡银行规定的到期还款日为免息还款期。

②最低还款额：持卡人在到期还款日前偿还所使用全部银行款项有困难的，可按照发卡银行规定的最低还款额还款。

（3）透支利率：对信用卡透支利率实行上下限管理，上限为日利率0.5‰，下限为日利率0.5‰的0.7倍。

（4）利率调整：发卡机构调整信用卡利率的，应至少提前45日通知，持卡人有权在新利率生效前选择销户。

（5）发卡机构在信用卡协议中以显著方式提示，确保持卡人充分知悉并确认接受的事项：

①信用卡利率标准和计结息方式；

②免息还款期和最低还款额待遇的条件和标准；

③向持卡人收取违约金的详细情形和收取标准等。

（6）由发卡机构自主决定的事项：

①免息还款期和最低还款额待遇的条件和标准；

②信用卡透支的计结息方式；

③信用卡溢缴款收费计付利息及利率标准；

④持卡人违约逾期未还款是否收取违约金；

⑤是否提供信用卡现金充值服务。

（7）不得收取的款项：

①滞纳金；

②发卡机构向持卡人提供超过授信额度用卡的，不得收取超限费；

③发卡机构对向持卡人收取的违约金和年费、取现手续费、货币兑换费等服务费用不得计收利息。

2.4.5　风险控制

（1）信用卡持卡人通过ATM等自助机具办理现金提取业务，每卡每日累计不得超过人民币1万元。

（2）借记卡持卡人通过ATM等自助机具办理现金提取业务，每卡每日累计不得超过人民币2万元。

（3）储值卡面值或卡内币值不得超过1 000元。

2.4.6　银行卡清算市场

自2015年6月1日起，我国放开银行卡清算市场，符合条件的内外资企业均可申请在中国境内设立银行卡清算机构。申请成为银行卡清算机构的，注册资本不低于10亿元人民币。目前中国银联股份有限公司是唯一的银行卡清算机构。

2.4.7　银行卡收单

（1）概念。

银行卡收单是指持卡人刷卡消费后，银行在约定期限内与特约商户进行结算，并向其收取一定比例手续费的行为。

（2）银行卡收单机构及特约商户（见表2-13）。

表2-13　银行卡收单机构及特约商户

收单机构	特约商户
从事银行卡收单业务的银行业金融机构	—
获得银行卡收单业务许可、为实体特约商户提供收单服务的支付机构	实体特约商户
为网络特约商户提供收单服务的支付机构	网络特约商户

（3）管理规定（见表2-14）。

（4）结算收费（见表2-15）。

表 2-14　银行卡收单的管理规定

商户管理		具体内容
"实名制"管理		—
签订银行卡受理协议		（1）可受理的银行卡种类； （2）开通的交易类型； （3）收单银行结算账户的设置和变更； （4）资金结算周期； （5）结算手续费标准； （6）差错和纠纷处置
确定特约商户的收单银行结算账户	单位	（1）同名单位银行结算账户； （2）其指定的与其存在合法资金管理关系的单位银行结算账户
	个体户或自然人	同名个人银行结算账户
"本地化"管理		收单机构应当对实体特约商户收单业务进行本地化经营和管理，不得跨省开展收单业务

表 2-15　银行卡收单的结算收费

收费项目	收费方式	费率及封顶标准
收单服务费	收单机构向商户收取	实行市场调节价
发卡行服务费	发卡机构向收单机构收取	借记卡：不高于0.35%（封顶13元）
		贷记卡：不高于0.45%
网络服务费	银行卡清算机构向发卡机构、收单机构分别收取	

小提示2-16

对非营利性的医疗机构、教育机构、社会福利机构、养老机构、慈善机构的刷卡交易，发卡行服务费、网络服务费全额减免。

2.5　网上支付

网上支付是电子支付的一种形式，它是指电子交易的当事人，包括消费者、厂商、金融机构，使用电子支付方式通过网络进行货币给付或资金清算的行为。其主要方式有网上银行和第三方支付。

2.5.1　网上银行

（1）概念。

网上银行就是银行在互联网上设立虚拟银行柜台，使传统的银行服务不再通过物理的银行分支机构来实现，而是借助网络与信息技术手段在互联网上实现，因此网上银行也称网络银行。

（2）分类（见表2-16）。

表2-16　网上银行的分类

分类标准	具体内容
按服务对象	企业网上银行、个人网上银行
按经营组织	分支型网上银行、纯网上银行
按业务种类	零售银行、批发银行

（3）功能（见表2-17）。

表2-17　网上银行的功能

企业网上银行子系统	个人网上银行子系统
账户信息查询 支付指令 B2B网上支付 批量支付	账户信息查询 人民币转账业务 银证转账业务 外汇买卖业务 账户管理业务 B2C网上支付

2.5.2 第三方支付

（1）概念。

第三方支付是指具备一定实力和信誉保障的非银行机构，通过与网联对接而促成交易双方进行交易的网络支付模式。在手机端进行的互联网支付，又称为移动支付。通过这个平台实现资金在不同支付机构账户或银行账户间的划拨和转移。第三方支付的特点是独立于商户和银行，为客户提供支付结算服务，具有方便快捷、安全可靠、开放创新的优势。

（2）开户要求。

非银行支付机构为个人开立支付账户的，同一个人在同一家支付机构只能开立一个Ⅲ类账户。支付机构在为单位和个人开立支付账户时，应当与单位和个人签订协议，约定支付账户与支付账户、支付账户与银行账户之间的日累计转账限额和笔数，超出限额和笔数的，不得再办理转账业务。

（3）种类。

①线上支付方式。

线上支付是指通过互联网实现的用户和商户、商户和商户之间在线货币支付、资金清算、查询统计等。其方式包括网上支付和移动支付中的远程支付。

②线下支付方式。

线下支付区别于网上银行等线上支付，是指通过非互联网线上的方式对购买商品或服务所产生的费用进行的资金支付行为。其方式包括POS机刷卡支付、拉卡拉等自助终端支付、电话支付、手机近端支付、电视支付等。

（4）第三方支付行业分类及主流品牌。

①金融型支付企业。

其主要包括银联商务、快钱、易宝支付、汇付天下、拉卡拉等。

特点：无担保功能，立足于企业端。

②互联网支付企业。

其主要包括支付宝、财付通等。

特点：提供担保功能，立足于个人消费者端。

2.6 汇兑

2.6.1 汇兑的概念和种类

汇兑是汇款人委托银行将其款项支付给收款人的结算方式。汇兑分为信汇、电汇两种，单位、个人的各种款项结算均可使用。

2.6.2 办理汇兑的程序

（1）签发汇兑凭证。签发汇兑凭证必须记载下列事项：表明“信汇”或“电汇”的字样；无条件支付的委托；确定的金额；收款人名称；汇款人名称；汇入地点、汇入行名称；汇出地点、汇出行名称；委托日期；汇款人签章。汇兑凭证记载的汇款人、收款人在银行开立存款账户的，必须记载其账号。

（2）银行受理。汇出银行受理汇款人签发的汇兑凭证，经审查无误后，应及时向汇入银行办理汇款，并向汇款人签发汇款回单。汇款回单只能作为汇出银行受理汇款的依据，不能作为该笔汇款已转入收款人账户的证明。

（3）汇入处理。汇入银行对开立存款账户的收款人，应将汇入的款项直接转入收款人账户，并向其发出收账通知。收账通知是银行将款项确已收入收款人账户的凭据。

2.6.3 汇兑的撤销

汇款人对汇出银行尚未汇出的款项可以申请撤销。申请撤销时，应出具正式函件或本人身份证件及原信、电汇回单。

2.7　委托收款

2.7.1　委托收款的概念和适用范围

委托收款是收款人委托银行向付款人收取款项的结算方式。单位和个人凭已承兑商业汇票、债券、存单等付款人债务证明办理款项的结算，均可以使用委托收款结算方式。委托收款在同城异地均可使用。

2.7.2　办理委托收款的程序

（1）签发委托收款凭证。

签发委托收款凭证必须记载下列事项：表明“委托收款”的字样、确定的金额、收款人名称、汇款人名称、委托收款凭据名称及附寄单证张数、委托日期、收款人签章。欠缺记载上列事项之一的，银行不予受理。

委托收款以银行以外的单位为付款人的，委托收款凭证必须记载付款人开户银行名称；以银行以外的单位或在银行开立存款账户的个人为收款人的，委托收款凭证必须记载收款人开户银行名称；未在银行开立存款账户的个人为收款人的，委托收款凭证必须记载被委托银行名称。欠缺记载的，银行不予受理。

（2）委托。

收款人办理委托收款应向银行提交委托收款凭证和有关债务证明。

（3）付款。

银行接到寄来的委托收款凭证及债务证明，审查无误后办理付款。

①以银行为付款人的，银行应当在当日将款项主动支付给收款人。

②以单位为付款人的，银行应及时通知付款人，付款人应于接到通知的当日书面通知银行付款，付款人未在接到通知的次日起3日内通知银行付款的，视为同意付款。

2.8　国内信用证

2.8.1　概念

国内信用证，是指银行依照申请人的申请开立的、对相符交单予以付款的承诺。我国信用证是以人民币计价、不可撤销的跟单信用证。信用证结算适用于国内企、事业单位之间的结算。只限于转账结算，不得支取现金。信用证按付款期限分为即期信用证和远期信用证。即期信用证，开证行应在收到相符单据次日起5个营业日内付款。远期信用证，开证行应在收到相符单据次日起5个营业日内确认到期付款，并在到期日付款。信用证付款期限最长不超过1年。

2.8.2 当事人

信用证业务当事人包括：申请人、受益人、开证行、通知行、交单行、转让行、保兑行、议付行。

2.8.3 程序

（1）开证。

①申请。开证申请人申请办理开证业务时，应当填具开证申请书、信用证申请人承诺书并提交有关购销合同。

②受理开证。开证行可要求申请人交存一定数额的保证金，并可根据申请人资信情况要求其提供抵押、质押、保证等合法有效的担保。

③开证。可以采用信开和电开两种方式。信用证应使用中文开立，应记载的基本条款包括：表明“国内信用证”字样、开证申请人名称及地址、开证行名称及地址、受益人名称及地址、通知行名称、开证日期、信用证编号、不可撤销信用证、信用证有效期及有效地点、是否可转让、是否可保兑、是否可议付、信用证金额、付款期限、货物及服务描述、溢短装条款（如有）、货物贸易项下的运输交货或服务贸易项下的服务提供条款、单据条款、交单期、信用证项下相关费用承担方、开证行保证文句、其他条款等。

（2）保兑。

保兑是指保兑行根据开证行的授权或要求，在开证行承诺之外作出的对相符交单付款、确认到期付款或议付的确定承诺。

（3）修改。

开证申请人需对已开立的信用证内容进行修改的，应向开证行提出修改申请，明确修改的内容。信用证受益人同意或拒绝接受修改的，应提供接受或拒绝修改的通知。

（4）通知。

通知行可由开证申请人指定，如开证申请人没有指定，开证行有权指定通知行。通知行可自行决定是否通知。通知行同意通知的，应于收到信用证次日起3个营业日内通知受益人。

（5）转让。

转让是指由转让行应第一受益人的要求，将可转让信用证的部分或者全部转为可由第二受益人兑用。可转让信用证只能转让一次。

（6）议付。

议付是指信用证指定的议付行在单证相符条件下，扣除议付利息后向受益人给付对价的行为。信用证未明示可议付，任何银行不得办理议付；信用证明示可议付，如开证行仅指定一家议付行，未被指定为议付行的银行不得办理议付，被指定的议付行可自行决定是否办理议付。

（7）索偿。

议付行议付时，必须与受益人书面约定是否有追索权。若约定有追索权，到期不获付款，议付行可向受益人追索；若约定无追索权，到期不获付款，议付行不得向受益人追索。

（8）寄单索款。

受益人委托交单行交单，应在信用证交单期和有效期内填制信用证交单委托书，并提交单据和信用证正本及信用证通知书、信用证修改书正本及信用证修改通知书。交单行应在收单次日起5个营业日内对其审核相符的单据寄单并附寄一份交单面函。

（9）付款。

受益人在交单期或信用证有效期内向开证行交单收款，应向开户银行填制委托收款凭证和信用证议付/委托收款申请书，并出具单据和信用证正本。开户银行收到凭证和单证，审查齐全后，应及时为其向开证行办理交单和收款。开证行在收到议付行寄交的委托收款凭证、信用证单据及寄单通知书或受益人开户行寄交的委托收款凭证、信用证正本单据及信用证议付/委托收款申请书的次日起5个营业日内，及时核对单据表面与信用证条款是否相符。无误后，对即期付款信用证，从申请人账户收取款项支付给受益人；对延期付款信用证，应向议付行或受益人发出到期付款确认书，并于到期日从申请人账户收取款项支付给议付行或受益人。

若受益人提交了相符单据或开证行已发出付款承诺，即使申请人交存的保证金及其存款账户余额不足支付，开证行仍应在规定的时间内付款。

（10）注销。

开证行、保兑行、议付行未在信用证有效期内收到单据的，开证行可在信用证逾有效期1个月后予以注销。

知识扩展

支付结算纪律及法律责任

一、结算纪律

结算纪律是银行、单位和个人办理支付结算业务所应遵守的基本规定。单位和个人办理支付结算，不准签发没有资金保证的票据，套取银行信用；不准签发、取得和转让没有真实交易和债权债务的票据，套取银行和他人资金；不准无理拒绝付款，任意占用他人资金；不准违反规定开立和使用账户。

银行办理支付结算，不准以任何理由压票、任意退票、截留挪用客户和他行资金；不准无理拒绝支付应由银行支付的票据款项；不准受理无理拒付、不扣少扣滞纳金；不准违章签发、承兑、贴现票据，套取银行资金；不准签发空头银行汇票、银行本票和办理空头汇款；不准在支付结算制度之外规定附加条件，影响汇路畅通；不准违反规定为单位和个人开立账户；不准拒绝受理、代理他行正常结算业务。

二、违反支付结算法律制度的法律责任

（一）签发空头支票、印章与预留印鉴不符支票，未构成犯罪行为的法律责任

单位或个人签发空头支票或者签发与其预留的签章不符的支票、使用支付密码但密码错误的支票，不以骗取财物为目的，由中国人民银行处以票面金额5%但不低于1 000元的罚款；持票人有权要求出票人赔偿支票金额2%的赔偿金。屡次签发空头支票的，银行应停止其办理支票或全部支付结算业务。中国人民银行是空头支票的处罚主体，银行机构发现空头支票行为，应向中国人民银行分支机构举报，并协助送达相应的行政处罚法律文书。

（二）无理拒付，占用他人资金行为的法律责任

商业承兑汇票的付款人对见票即付或者到期的票据，故意压票、退票、拖延支付的，按照规定处以压票、拖延支付期间内每日票据金额万分之七的罚款。银行机构违反票据承兑等结算业务规定，不予兑现，不予收付入账，压单、压票或者违反规定退票的，由国务院银行保险监督管理机构责令其改正，有违法所得的，没收违法所得。违法所得5万元以上的，并处违法所得1倍以上5倍以下的罚款；构成犯罪的，移交司法机关依法追究刑事责任。

（三）违反账户管理规定行为的法律责任（见表2-18）

表2-18　违反账户管理规定行为的法律责任

<table>
<tr><th>类型</th><th>违反银行账户结算管理制度事项</th><th>经营性存款人处罚金额</th><th>非经营性存款人处罚金额</th></tr>
<tr><td rowspan="3">开立、撤销银行结算账户违反规定</td><td>违反规定开立银行结算账户</td><td rowspan="4">1万元以上
3万元以下</td><td rowspan="10">1 000元</td></tr>
<tr><td>伪造、变造证明文件欺骗银行开立银行结算账户</td></tr>
<tr><td>违反规定不及时撤销银行结算账户</td></tr>
<tr><td colspan="2">伪造、变造、私自印制开户许可证</td></tr>
<tr><td rowspan="6">存款人使用银行结算账户违反规定</td><td>违反规定将单位款项转入个人银行结算账户</td><td rowspan="5">5 000元以上
3万元以下</td></tr>
<tr><td>违反规定支取现金</td></tr>
<tr><td>利用开立银行结算账户逃废银行债务</td></tr>
<tr><td>出租、出借银行结算账户</td></tr>
<tr><td>从基本存款账户之外的银行结算账户转账存入、将销货收入存入或现金存入单位信用卡账户</td></tr>
<tr><td>法定代表人或主要负责人、存款人地址以及其他开户资料的变更事项未在规定期限内通知银行</td><td>1 000元</td></tr>
</table>

（四）票据欺诈行为的法律责任

伪造、变造票据、托收凭证、汇款凭证、信用证及伪造信用卡等；故意使用伪造、

变造的票据；签发空头支票或者故意签发与其预留的本名签名式样或者印鉴不符的支票，骗取财物；签发无可靠资金来源的汇票、本票，骗取资金；汇票、本票的出票人在出票时作虚假记载，骗取财物；冒用他人的票据，或者故意使用过期或者作废的票据，骗取财物；付款人同出票人、持票人恶意串通实施前六项所列行为之一的，依法追究刑事责任。有上述行为之一，情节轻微，不构成犯罪的，依照国家有关规定给予行政处罚。

有下列情形之一，妨害信用卡管理的，处3年以下有期徒刑或者拘役，并处或者单处1万元以上10万元以下罚金：明知是伪造的信用卡而持有、运输的；明知是伪造的空白信用卡而持有、运输，数量较大的；非法持有他人信用卡，数量较大的；使用虚假的身份证明骗领信用卡的；出售、购买、为他人提供伪造的信用卡或者以虚假的身份证明骗领信用卡的；窃取、收买或者非法提供他人信用卡信息资料的。

有下列情形之一，进行信用卡诈骗活动，数额较大的，处5年以下有期徒刑或者拘役，并处2万元以上20万元以下罚金；数额巨大或者有其他严重情节的，处5年以上10年以下有期徒刑，并处5万元以上50万元以下罚金或者没收财产：使用伪造的信用卡；使用以虚假的身份证明骗领的信用卡；使用作废的信用卡；冒用他人信用卡；恶意透支。

【拓展训练】

一、票据日期书写练习。

1.2020年1月1日
2.2020年2月6日
3.2020年3月8日
4.2020年4月10日
5.2020年5月12日
6.2020年6月19日
7.2020年7月20日
8.2020年8月23日
9.2020年9月25日
10.2020年10月27日
11.2020年11月30日
12.2020年12月31日

二、支票填写练习

（一）付款业务

（1）2020年1月5日，根据公司需要，用现金支票（如图2-12和图2-13所示）提取备用金900元。

中国工商银行
现金支票存根（浙）
$\frac{BM}{02}$ 07949469
附加信息

出票日期 年 月 日
收款人：
金 额：
用 途：
单位主管 会计

本支票付款期限十天

中国工商银行 现金支票（浙） $\frac{BM}{02}$ 07949469

出票日期（大写） 年 月 日 付款行名称：
收款人： 出票人账号：

人民币（大写）	亿	千	百	十	万	千	百	十	元	角	分

用途
上列款项请从
我账户内支付
出票人签章 复核 记账

图2-12 现金支票（正面）

附加信息：

收款人签章
年 月 日

身份证件名称： 发证机关：
号码

（贴粘单处）

根据《中华人民共和国票据法》等法律法规规定，签发空头支票由中国人民银行处以票面金额5%但不低于1 000元的罚款。

图2-13 现金支票（背面）

（2）2020年1月10日，用现金支票（如图2-14和图2-15所示）支付员工丁山差旅费2580元。

中国工商银行
现金支票存根（浙）
$\frac{BM}{02}$ 06391242
附加信息

出票日期 年 月 日
收款人：
金 额：
用 途：
单位主管 会计

本支票付款期限十天

中国工商银行 现金支票（浙） $\frac{BM}{02}$ 06391242

出票日期（大写） 年 月 日 付款行名称：
收款人： 出票人账号：

人民币（大写）	亿	千	百	十	万	千	百	十	元	角	分

用途
上列款项请从
我账户内支付
出票人签章 复核 记账

图2-14 现金支票（正面）

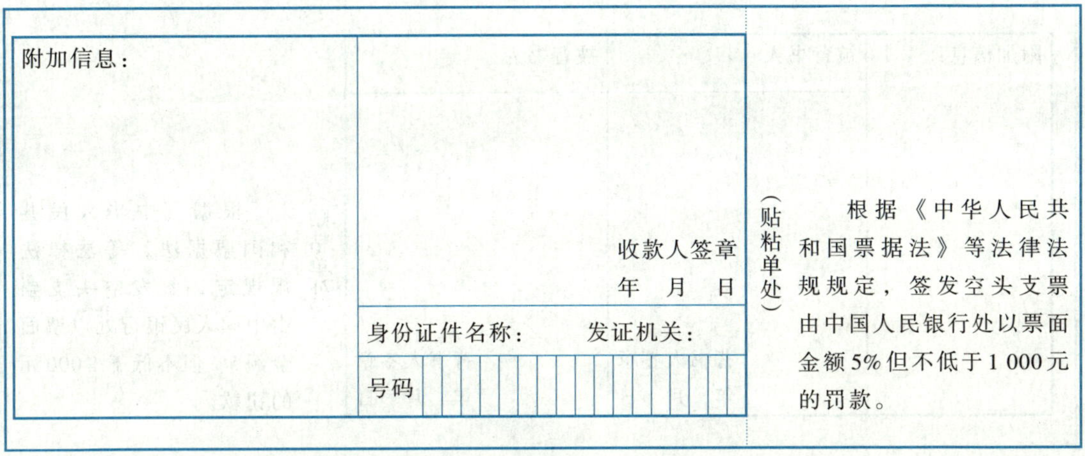
附加信息：

收款人签章
年 月 日

身份证件名称： 发证机关：

号码

（贴粘单处）

根据《中华人民共和国票据法》等法律法规规定，签发空头支票由中国人民银行处以票面金额5%但不低于1 000元的罚款。

图2-15 现金支票（背面）

（3）2020年1月15日，出纳根据业务员小方已被批准的付款申请单，签发一张81 900元的银行转账支票用于支付货款，如图2-16和图2-17所示。

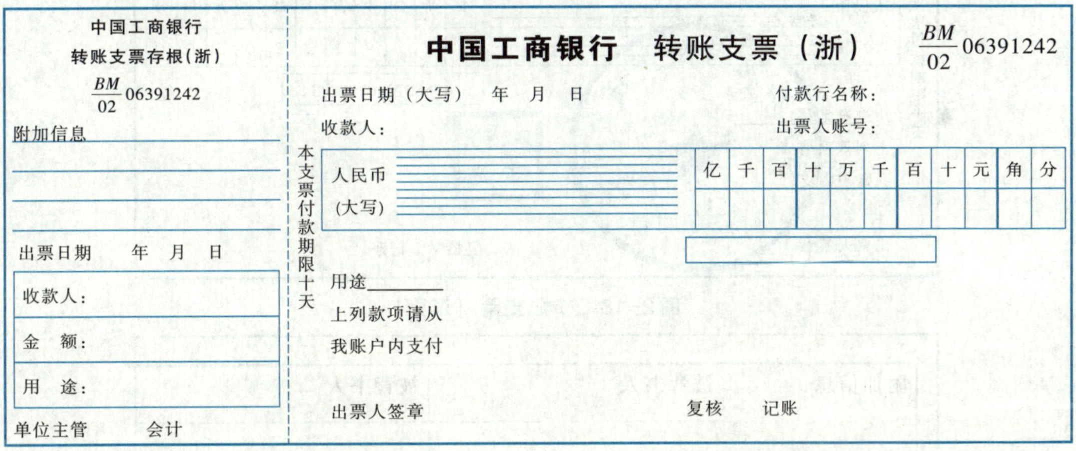
中国工商银行
转账支票存根（浙）
BM/02 06391242
附加信息
出票日期 年 月 日
收款人：
金 额：
用 途：
单位主管 会计

中国工商银行 转账支票（浙） BM/02 06391242
出票日期（大写） 年 月 日 付款行名称：
收款人： 出票人账号：
本支票付款期限十天
人民币（大写）
亿 千 百 十 万 千 百 十 元 角 分
用途
上列款项请从
我账户内支付
出票人签章 复核 记账

图2-16 转账支票（正面）

（二）收款业务

收到转账支票（如图2-18和图2-19所示）一张，金额33 300元，填制进账单（如图2-20和图2-21所示）存入银行。

附加信息：	被背书人	被背书人
	背书人签章 年 月 日	背书人签章 年 月 日

（贴粘单处）

根据《中华人民共和国票据法》等法律法规规定，签发空头支票由中国人民银行处以票面金额5%但不低于1 000元的罚款。

图2-17 转账支票（背面）

中国工商银行 转账支票（浙） $\frac{BM}{02}$05329243

出票日期（大写）贰零贰零年零壹月壹拾玖日 付款行名称：中国建设银行杭州市秋涛支行

收款人：杭州环球有限责任公司 出票人账号：3303845612546123615

本支票付款期限十天

人民币（大写）	亿	千	百	十	万	千	百	十	元	角	分
叁万叁仟叁佰元整				¥	3	3	3	0	0	0	0

456857340708843

用途 租赁款

上列款项请从

我账户内支付

杭州科龙有限责任公司 财务专用章

张海军印

出票人签章 复核 记账

图2-18 转账支票（正面）

附加信息：	被背书人	被背书人
	背书人签章 年 月 日	背书人签章 年 月 日

图2-19 转账支票（背面）

进账单

年 月 日

出票人	全 称	
	账 号	
	开户银行	
金额	人民币（小写）	
收款人	全 称	
	账 号	
	开户银行	
票据种类		票据张数	
票据号码			

中国工商银行 进账单（回单） 1

年 月 日

出票人	全 称		收款人	全 称												
	账 号			账 号												
	开户银行			开户银行												
人民币（大写）						亿	千	百	十	万	千	百	十	元	角	分
票据种类																
票据张数																
票据号码																
备注：			开户银行盖章													

此联是受理行交给出票人的回单

注意：本回单不作进账、提货的证明，不作账务处理依据，仅供查询用。

图2-20 进账单（1）

中国工商银行 进账单 3

年 月 日（收账通知）

出票人	全 称	
	账 号	
	开户银行	
金额	人民币（小写）	
收款人	全 称	
	账 号	
	开户银行	
票据种类		票据张数	
票据号码			
收款人开户银行签章			

复核 记账

此联是收款人开户银行交给收款人的收账通知

中国工商银行 进账单（回单） 2

年 月 日

出票人	全 称		收款人	全 称												
	账 号			账 号												
	开户银行			开户银行												
人民币（大写）						亿	千	百	十	万	千	百	十	元	角	分
票据种类																
票据张数																
票据号码																
备注：			复核 记账													

此联由收款人开户银行作贷方凭证

图2-21 进账单（2）

三、单项选择题

1.在办理支付结算业务时，要做到按照合同规定及时付款，不得无故拖延或者拒绝支付，这体现的办理支付结算的原则是（　　）。

A.恪守信用原则，履约付款　　B.谁的钱进谁的账，由谁支配

C.银行不垫款　　D.履约付款

2.某单位出纳在10月20日填写支票的出票日期，下列各项中，填写正确的是（　　）。

A.零拾月零贰拾日　　B.零壹拾月贰拾日

C.零壹拾月零贰拾日　　D.拾月零贰拾日

3.根据支付结算法律制度的规定，下列票据欺诈行为中，属于伪造票据的是（　　）。

A.假冒出票人在票据上签章　　B.涂改票据号码

C.对票据金额进行挖补篡改　　D.修改票据密押

4.根据支付结算法律制度的规定，下列各项中，属于存款人在开立一般存款账户之前必须开立的账户是（　　）。

A.基本存款账户　　B.单位银行卡账户

C.专用存款账户　　D.临时存款账户

5.根据个人银行结算账户实名制的要求，下列人员出具的身份证件中，不属于在境内银行申请开立个人银行账户的有效身份证件的是（　　）。

A.20周岁的吴某出具的机动车驾驶证　　B.定居美国的周某出具的中国护照

C.25周岁的王某出具的居民身份证　　D.15周岁的学生赵某出具的户口簿

6.根据支付结算法律制度的规定，临时存款账户的有效期最长不得超过一定期限，该期限为（　　）。

A.1年　　B.10年　　C.5年　　D.2年

7.根据支付结算法律制度的规定，关于银行结算账户管理的下列表述中，不正确的是（　　）。

A.存款人可以出借银行结算账户　　B.存款人不得出租银行结算账户

C.存款人应当以实名开立银行结算账户　　D.存款人不得利用银行结算账户洗钱

8.根据支付结算法律制度的规定，下列关于银行结算账户管理的表述中，正确的是（　　）。

A.撤销基本存款账户，应交回开户许可证

B.撤销基本存款账户，可以保留未使用的空白支票

C.单位的地址发生变更，不需要通知开户银行

D.撤销单位银行结算账户应先撤销基本存款账户，再撤销其他类别账户

9.根据票据法律制度的规定，下列各项中，不属于票据基本当事人的是（　　）。

A.出票人　　B.收款人　　C.付款人　　D.背书人

10.根据票据法律制度的规定，下列各项说法中，错误的是（　　）。

A.银行汇票的出票人为银行

B.商业汇票的出票人为银行以外的企业和其他组织

C.银行承兑汇票的付款人是承兑银行

D.支票的付款人是出票人

11.甲公司无偿赠予乙公司一张支票，对于该项行为的表述中，错误的是（ ）。

A.乙公司因此享有付款请求权

B.乙公司未支付对价故不享有票据权利

C.持票人的付款请求权被拒绝可以行使追索权

D.若甲公司是受胁迫赠予乙公司支票的，则乙公司不享有票据权利

12.根据《票据法》的规定，失票人应当在通知挂失止付后的一定时间内，也可以在票据丧失后，依法向票据支付地人民法院申请公示催告。该一定时间为（ ）。

A.10日 B.2日 C.3日 D.5日

13.甲公司向乙公司购买货物，以一张丙公司为出票人的汇票支付货款。乙公司要求提供担保，甲公司请丁公司为该汇票作保证。丁公司在汇票背书栏签注："若该汇票出票真实，本公司愿意保证"。后经了解丙公司实际并不存在。丁公司对该汇票承担的责任是（ ）。

A.应承担一定赔偿责任

B.只承担一般保证责任，不承担票据保证责任

C.应当承担票据保证责任

D.不承担任何责任

14.根据支付结算法律制度的规定，下列各项中，属于背书相对记载事项的是（ ）。

A.不得转让 B.背书日期 C.被背书人名称 D.背书人签章

15.根据支付结算法律制度的规定，票据凭证不能满足背书人记载事项的需要，可以加附粘单。粘单上的第一记载人，应当在票据和粘单的粘接处签章。该记载人是（ ）。

A.粘单上第一手背书的被背书人 B.粘单上最后一手背书的背书人

C.粘单上第一手背书的背书人 D.票据持票人

16.根据票据法律制度的规定，银行汇票的提示付款期限是（ ）。

A.自出票之日起10天 B.自票据到期之日起10天

C.自出票之日起1个月 D.自票据到期之日起1个月

17.关于银行汇票，下列表述中，不正确的是（ ）。

A.银行汇票是出票人签发的，由其在见票时按照出票金额无条件支付给收款人或持票人的票据

B.出票银行是银行汇票的付款人

C.申请人或收款人为单位的，不能申请签发现金银行汇票

D.单位和个人均可以使用银行汇票

18.单张出票金额在（ ）万元以上的商业汇票应全部通过电子商业汇票办理。

A.100 B.200 C.300 D.500

19.根据票据法律制度的规定，以下票据的付款人不是银行的是（ ）。

A.支票 B.商业承兑汇票 C.本票 D.银行汇票

20.甲公司向乙企业购买一批原材料，开出一张票面金额为30万元的银行承兑汇票。出票日期为2月10日，到期日为5月10日。4月6日，乙企业持此汇票及有关发票和原材料发运单据复印件向银行办理了贴现。已知同期银行年贴现率为3.6%，一年按360天计算，贴现银行与承兑银行在同一城市。根据票据法律制度的有关规定，银行实付乙企业贴现金额为（　　）元。

A.301 680　　B.298 980　　C.298 950　　D.298 320

21.下列各项中，可以贴现的是（　　）。

A.现金支票　　B.转账支票　　C.银行汇票　　D.商业汇票

22.根据票据法律制度的规定，下列结算方式中，允许个人使用的是（　　）。

A.商业汇票　　B.托收承付　　C.国内信用证　　D.支票

23.A企业向B企业签发一张出票日期为2020年6月1日的银行本票，则该银行本票的提示付款期限的最后日期为（　　）。

A.2020年8月1日　　B.2020年7月1日　　C.2020年10月1日　　D.2020年8月10日

24.根据《票据法》的规定，下列关于支票的说法中，正确的是（　　）。

A.支票的收款人可以由出票人授权补记

B.支票不可以背书转让

C.支票的提示付款期限为出票日起1个月

D.持票人提示付款时，支票的出票人账户金额不足的，银行应先向持票人支付票款

25.根据支付结算法律制度的规定，下列使用单位人民币卡的做法符合支付结算法律制度规定的是（　　）。

A.甲公司从基本存款账户向本单位人民币卡账户转账存入100万元

B.乙公司要求客户将销货款1万元直接汇入乙公司单位人民币卡账户

C.丙公司财务人员为结算方便，经公司领导批准将公司单位人民币卡账户中的资金2万元转入本人的个人银行卡账户

D.丁公司决定不再使用单位人民币卡，于是将其销户，并将其中的资金转入本单位在该银行开立的一般存款账户

26.借记卡持卡人在自动柜员机取款的交易上限每卡每日累计不得超过（　　）。

A.5 000元　　B.2万元　　C.1万元　　D.10万元

27.2020年情人节前夕，赵某使用借记卡在某珠宝首饰店刷卡消费，购入价值10 000元的钻石项链一条，对该笔交易发卡机构向收单机构收取的服务费是（　　）元。

A.35　　B.45　　C.13　　D.3.25

28.下列关于国内信用证的说法中，错误的是（　　）。

A.国内信用证以人民币计价

B.开证行有权指定通知行

C.转让行应开证行的要求，可以将可转让信用证的部分转为可由第二受益人兑用

D.信用证未明示可议付，任何银行不得办理议付

29.根据《支付结算办法》的规定，收款人委托银行向付款人收取款项的结算方式

是（　　）。

A.汇兑结算方式　　　　　　　　B.信用证结算方式

C.托收承付结算方式　　　　　　D.委托收款结算方式

30.根据支付结算法律制度的规定，下列关于网上银行的表述中，错误的是（　　）。

A.按主要服务对象分为企业网上银行和个人网上银行

B.按业务种类分为零售银行和批发银行

C.按经营组织分为分支型网上银行和主干型网上银行

D.个人网上银行主要适用于个人与家庭，个人可以通过个人网络银行实时查询、转账等

四、多项选择题

1.根据支付结算法律制度的规定，下列各项中，属于变造票据的行为有（　　）。

A.原记载人更改付款人名称并在更改处签章证明

B.剪接票据非法改变票据记载事项

C.涂改出票金额

D.假冒他人在票据上背书签章

2.根据支付结算法律制度的规定，下列表述中，正确的有（　　）。

A.出票金额、出票日期、收款人名称不得更改，更改的票据无效

B.票据金额以中文大写和阿拉伯数码同时记载，二者必须一致，不一致的票据无效

C.票据的出票日期必须使用中文大写

D.票据上的签章和其他记载事项应当真实，不得伪造、变造

3.下列各项中属于人民币非现金支付工具的有（　　）。

A.银行卡　　　　B.托收承付　　　　C.支票　　　　D.国内信用证

4.根据个人银行账户实名制的要求，存款人申请开立个人银行结算账户时，应向银行出具本人有效证件。下列属于有效身份证件的有（　　）。

A.中华人民共和国境内已登记常住户口的中国公民的居民身份证

B.中国台湾地区居民的台湾居民来往大陆通行证

C.国外中国公民的中国护照

D.香港、澳门特别行政区居民的香港、澳门特别行政区居民身份证

5.根据支付结算法律制度的规定，下列关于一般存款账户的说法中，正确的有（　　）。

A.存款人申请开立一般存款账户应出具其开立基本存款账户规定的证明文件

B.存款人申请开立一般存款账户应出具其基本存款账户的开户许可证或企业基本存款账户编号

C.存款人因借款需要开立一般存款账户的应出具借款合同

D.存款人办理现金支取可以通过一般存款账户

6.甲公司因异地临时经营的需要准备在P银行开立一个临时存款账户，下列关于该账户的表述中，正确的有（　　）。

A.开立该账户时需要出具基本存款账户开户许可证或企业基本存款账户编号

B.有效期限最长不得超过2年

C.该账户不得支取现金

D.该账户的开立需要中国人民银行的核准

7.下列各项中，属于非基本当事人的有（　　）。

A.承兑人　　B.背书人　　C.被背书人　　D.保证人

8.甲签发一张银行承兑汇票给乙，乙将该汇票背书转让给丙。下列有关票据关系当事人的表述中，正确的有（　　）。

A.甲是出票人　　B.乙是收款人，也是背书人

C.丙是被背书人　　D.银行是承兑人，也是付款人

9.票据丧失是指票据因灭失、遗失、被盗等原因而使票据权利人脱离其对票据的占有。票据丧失后可以采取的补救形式有（　　）。

A.作废　　B.公示催告　　C.普通诉讼　　D.声明

10.根据支付结算法律制度的规定，下列票据当事人中，持票人可以向其行使第一顺序权利的有（　　）。

A.汇票的承兑人　　B.本票的出票人　　C.支票的付款人　　D.本票的保证人

11.根据票据法律制度的规定，持票人在一定期限内不行使票据权利，其权利归于消灭。下列有关票据权利消灭时效的表述中，正确的有（　　）。

A.持票人对商业汇票的出票人的权利，自票据到期日起2年

B.持票人对票据的承兑人的权利，自票据到期日起1年

C.持票人对支票出票人的权利，自出票日起6个月

D.持票人对前手的再追索权，自清偿日或被提起诉讼之日起3个月

12.甲签发一张汇票给乙，汇票上记载有收款人乙、保证人丙等事项。乙依法承兑后将该汇票背书转让给丁，丁又将汇票背书转让给戊。戊在法定期限内向付款人请求付款，不获付款。根据《票据法》的规定，下列各项中，应当承担该汇票债务责任的有（　　）。

A.甲　　B.乙　　C.丙　　D.丁

13.下列主体中，应当向持票人承担票据责任的有（　　）。

A.空头支票出票人的开户行Q银行

B.不获承兑的汇票出票人乙公司

C.签发银行本票的P银行

D.对汇票予以承兑的甲公司

14.根据支付结算法律制度的规定，在票据和结算凭证上，不得更改的项目有（　　）。

A.出票金额　　B.出票日期　　C.收款人名称　　D.付款人名称

15.根据支付结算法律制度的规定，下列票据背书行为中，属于非转让背书的有（　　）。

A.甲公司以自己持有的一张商业承兑汇票向A银行办理贴现

B.乙公司将自己持有的一张商业汇票背书转让给丙公司作为向丙公司借款的质押

C.丙公司将自己持有的一张支票背书转让给丁银行，委托丁银行代为行使收款权

D.丁公司将自己持有的一张银行本票背书转让给戊公司作为合同定金

16.下列关于商业汇票承兑的表述中，正确的有（ ）。

A.商业汇票付款人拒绝承兑的，必须出具拒绝承兑的证明

B.商业汇票付款人承兑汇票后，应当承担到期付款的责任

C.银行承兑汇票的出票人于汇票到期日未能足额交存票款时，承兑银行除凭票向持票人无条件付款外，对出票人尚未支付的汇票金额按照每天0.5‰计收利息

D.商业汇票只能在出票时向付款人提示承兑后使用

17.根据支付结算法律制度的规定，下列选项中属于收款人受理银行汇票时，应审查的事项有（ ）。

A.银行汇票和解讫通知是否齐全

B.收款人是否确为本单位或本人

C.出票人签章是否符合规定，大小写出票金额是否一致

D.出票金额、出票日期、收款人名称是否更改，更改的其他记载事项是否由原记载人签章证明

18.根据支付结算法律制度的规定，下列票据中，允许个人使用的有（ ）。

A.支票 B.银行承兑汇票 C.银行本票 D.银行汇票

19.下列关于电子商业汇票的说法中正确的有（ ）。

A.单张出票金额在100万元以上的商业汇票原则上应全部通过电子商业汇票办理

B.单张出票金额在300万元以上的商业汇票应全部通过电子商业汇票办理

C.电子商业汇票的必须记载事项包括票据到期日、出票人名称等

D.电子商业汇票的付款期限，自出票日至到期日最长不得超过1年

20.下列表述中，不正确的有（ ）。

A.银行承兑汇票的出票人是商业主体

B.商业承兑汇票的承兑人是银行

C.银行本票不允许背书转让

D.签发支票的印章与在银行预留签章不符的支票是空头支票

21.根据票据法律制度的规定，下列关于商业汇票贴现的表述中，正确的有（ ）。

A.贴现是一种非票据转让行为

B.贴现申请人与出票人或直接前手之间具有真实的商品交易关系

C.贴现申请人是在银行开立存款账户的企业法人以及其他组织

D.贴现到期不获付款的，贴现银行可从贴现申请人的存款账户直接收取票款

22.根据《票据法》的规定，下列选项中，属于支票的种类的有（ ）。

A.现金支票 B.转账支票 C.空头支票 D.普通支票

23.根据支付结算法律制度的规定，下列选项中，表述正确的有（ ）。

A.支票上印有"现金"字样的为现金支票，现金支票只能用于支取现金

B.支票上印有"转账"字样的为转账支票，转账支票只能用于转账

C.支票上未印有“现金”或“转账”字样的为普通支票，普通支票可以用于支取现金，也可以用于转账

D.在普通支票左上角划两条平行线的，为划线支票，划线可以用于支取现金，也可以用于转账

24.根据银行卡交易的相关规定，贷记卡持卡人非现金交易享受的优惠条件有（　　）。

A.免息还款期　　B.最低还款额

C.大额消费分期免息还款　　D.免收年费、管理费

25.根据规定，发卡银行可以追偿透支款项和欺骗款项的途径有（　　）。

A.扣减持卡人保证金　　B.依法处理抵押物和质物

C.向保证人追索透支款项　　D.通过司法机关的诉讼程序进行追偿

26.根据银行卡收单结算费用的相关规定，下列各项中，可以全额减免发卡行服务费、网络服务费的有（　　）。

A.残疾人联合会　　B.共青团

C.儿童福利院　　D.社会救助管理站

27.下列关于银行卡收单的表述中，正确的有（　　）。

A.网络特约商户，是指基于公共网络信息系统提供商品或服务的特约商户

B.收单机构拓展特约商户，对特约商户不实行实名制管理

C.特约商户为个体工商户和自然人的，可使用其同名个人银行结算账户作为收单银行卡结算账户

D.特约商户使用单位银行结算账户作为收单银行卡结算账户的，收单机构还应当审核其合法拥有该账户的证明文件

28.根据支付结算法律制度的规定，下列说法中，正确的有（　　）。

A.单位和个人的各种款项的结算，均可使用汇兑结算方式

B.收账通知是银行将款项确已收入收款人账户的凭据

C.汇款回单只能作为汇出银行受理汇款的依据，不能作为该笔汇款已转入收款人账户的证明

D.汇入银行对开立存款账户的收款人，应将汇入的款项直接转入收款人账户，并向其发出收账通知

29.根据支付结算法律制度的规定，个人网上银行具体业务功能包括（　　）。

A.账户信息查询　　B.人民币转账业务

C.批量支付业务　　D.B2B网上支付

30.根据支付结算法律制度的规定，下列情形中，属于线下支付的有（　　）。

A.赵某在机场购物，使用手机端支付购物款

B.钱某在超市购物，使用公交一卡通支付购物款

C.孙某在商场购物，通过POS机刷卡支付购物款

D.李某通过手机APP购物，使用微信支付货款

五、判断题

1. 甲签发一张支票给乙，金额为人民币5 000元。乙将票据金额由5 000元更改为50 000元后背书转让给丙，则乙的行为属于伪造。 ( )

2. 票据和结算凭证的金额必须以中文大写和阿拉伯数字同时记载，二者必须一致，否则以中文大写为准。 ( )

3. 支票持票人在提示付款时，银行发现出票人账户中的资金不足以支付票据款项，此时应该按照签发空头支票的行为来依法对其进行处罚。这体现的支付结算原则是银行不垫款原则。 ( )

4. 在填写票据出票日期时，“10月20日”应写成“壹拾月零贰拾日”。 ( )

5. 存款人因向银行借款而需要开立一般存款账户的，除常规的证明文件外，还应向银行出具借款合同。 ( )

6. 新入学大学生开立交学费的个人银行结算账户，可由所在大学代理。 ( )

7. 同一单位的基本存款账户与一般存款账户可以在同一家银行开立。 ( )

8. 单位存款人申请变更预留公章或财务专用章，可由法定代表人或单位负责人直接办理，也可授权他人办理。 ( )

9. 承兑人是指接受汇票出票人的付款委托，同意承担支付票款义务的人，是汇票的次债务人。 ( )

10. 挂失止付并不是票据丢失后采取的必经措施，而仅是一种暂时的预防措施。 ( )

11. 甲公司签发一张支票给乙公司，保证人为丙公司，乙公司将其背书转让给丁公司，则可以行使付款请求权的为乙公司和丁公司。 ( )

12. 因税收、继承、赠予依法无偿取得票据的，不受给付对价的限制，但是所享有的票据权利不得优于其前手的权利。 ( )

13. 承兑是指汇票付款人承诺在汇票到期日支付汇票金额并签章的行为，适用于商业汇票、银行本票。 ( )

14. 粘单的第一记载人，应当在票据和粘单的粘接处签章。 ( )

15. 付款人承兑汇票，不得附有条件，承兑附有条件的，视为拒绝承兑。 ( )

16. 被追索人依照规定清偿债务后，其责任解除，与持票人享有同一权利。 ( )

17. 银行汇票未填明实际结算金额和多余金额或实际结算金额超过出票金额的，票据无效。 ( )

18. 根据《票据法》的规定，商业汇票的最长付款期限不得超过2年。 ( )

19. 银行汇票是银行签发、银行承兑、银行付款的票据。 ( )

20. 贴现银行追索票款时可从申请人的存款账户直接收取票款。 ( )

21. 某人开出一张500万元的纸质商业汇票，该做法符合法律规定。 ( )

22. 单位和个人在异地支付各种款项结算，不可以使用支票。 ( )

23. 支票的出票人于2020年9月9日出票时，在票面上记载“到期日为2020年9月18日”，该记载有效。 ( )

24.甲公司向开户银行P银行申请签发的本票超过提示付款期限后，甲公司申请退款，P银行只能将款项转入甲公司的账户，不能退付现金。（ ）

25.单位人民币卡的透支期限最长为60天。（ ）

26.信用卡透支利率实行上限、下限管理，透支利率上限为日利率万分之五，下限为日利率万分之五的0.5倍。（ ）

27.个人人民币卡账户的资金以其持有的现金存入或以其工资性款项、属于个人的合法的劳务报酬、投资回报等收入转账存入。（ ）

28.国内信用证结算方式适用于单位和个人之间商品交易产生的货款结算。（ ）

29.外汇买卖业务是企业网上银行子系统的主要业务功能。（ ）

30.汇款回单既能作为汇出银行受理汇款的依据，又能作为该笔汇款已转入收款人账户的证明。（ ）

第3章

出纳核算业务

教学目标

（1）能够审核原始凭证，根据审核无误的原始凭证编制记账凭证，根据审核无误的记账凭证登记库存现金日记账和银行存款日记账；

（2）掌握相关资料档案管理的规定；

（3）了解出纳工作的管理和监督；

（4）了解违反相关会计法律制度的法律责任。

思政目标

思政目标：通过相关知识的学习，培养学生的语言表达、会计职业沟通和协调能力，增强学生的法律观念，培养诚实守信、严谨细致、廉洁自律、文明服务的良好职业道德素质。

出纳核算，又叫序时核算，是指出纳人员设置日记账进行的核算。按照经过审核的现金收款凭证和付款凭证的先后顺序逐日逐笔全部登记入账，并逐日结出金额并与库存现金核对相符，以便于对现金收付业务开展日常的财务监督和事后的分析检查，并防止差错和挪用公款、贪污的现象发生，是现金核算的重要内容。

3.1 核算的基本要求

（1）依法建账。

各单位应当按照《会计法》和国家统一的会计制度规定建立会计账册，进行核算；发生的各项经济业务事项应当统一进行会计核算，不得违反规定私设会计账簿进行登记、核算。

（2）根据实际发生的经济业务事项进行核算。

各单位必须根据实际发生的经济业务事项进行核算，填制相关凭证，登记账簿，编制财务报告。

（3）保证资料的真实和完整。

造成会计资料不真实、不完整的原因可能是多方面的，但伪造、变造会计资料是重要手段之一。伪造会计资料，包括伪造会计凭证和会计账簿，是以虚假的经济业务为前提来编制会计凭证和会计账簿，旨在以假充真；变造会计资料，包括变造会计凭证和会计账簿，是用涂改、挖补等手段改变会计凭证和会计账簿的真实内容，以歪曲事实真相。

《会计法》规定，任何单位不得以虚假的经济业务事项或者资料进行会计核算。任何单位和个人不得伪造、变造会计凭证、会计账簿及其他会计资料，不得提供虚假的财务会计报告。

（4）采用正确的处理方法。

各单位的会计核算应当按照规定的会计处理方法进行，保证会计指标的口径一致、相互可比和会计处理方法的前后各期一致，不得随意变更；确有必要变更的，应当按照国家统一的会计制度的规定变更，并将变更的原因、情况及影响在财务会计报告中说明。

（5）正确使用记录文字。

会计记录的文字应当使用中文。在民族自治地方，会计记录可以同时使用当地通用的一种民族文字。在中国境内的外商投资企业、外国企业和其他外国组织的会计记录可以同时使用一种外国文字。

（6）使用电子计算机进行核算必须符合法律规定。

为保证计算机生成的会计资料真实、完整和安全，《会计法》规定，使用电子计算机进行会计核算的，其软件生成的会计凭证、会计账簿、财务会计报告和其他会计资料，必须符合国家统一的会计制度的规定。

3.2 核算的主要内容

（1）款项和有价证券的收付。

（2）财物的收发、增减和使用。

（3）债权债务的发生和结算。

（4）资本、基金的增减。

（5）收入、支出、费用、成本的计算。

（6）财务成果的计算和处理。

3.3 会计年度

我国是以公历年度为会计年度，即以每年公历的1月1日起至12月31日止为一个会计年度。每一个会计年度还可以按照公历日期具体划分为半年度、季度、月度。

3.4　记账本位币

会计核算以人民币为记账本位币。但业务收支以人民币以外的货币为主的单位，可以选定其中一种货币作为记账本位币，但是编报的财务会计报告应当折算为人民币。

3.5　核算的过程

3.5.1　会计凭证

会计凭证，是指具有一定格式、用以记录经济业务事项发生和完成情况，明确经济责任，并作为记账凭证的书面证明，是会计核算的重要会计资料。进行会计核算时，必须以会计凭证为依据。按其来源和用途，分为原始凭证和记账凭证。

1.原始凭证

原始凭证，又称单据，是指在经济业务发生时，由业务经办人员直接取得或者填制，用以表明某项经济业务已经发生或完成情况并明确有关经济责任的一种原始凭证。原始凭证是出纳核算的起点，也是会计核算的原始依据。原始凭证种类很多，既有来自单位外部的，也有单位自制的；既有国家统一印制的具有固定格式的发票，也有由发生经济业务事项双方认可并自行填制的凭据等。

出纳必须按照国家统一的会计制度的规定对原始凭证进行审核，对不真实、不合法的原始凭证有权不予接受，并向单位负责人报告；对记载不准确、不完整的原始凭证予以退回，并要求按照国家统一的会计制度的规定更正、补充。原始凭证记载的各项内容均不得涂改；原始凭证有错误的，应当由出具单位重开或者更正，更正处应当加盖出具单位印章。原始凭证金额有错误的，应当由出具单位重开，不得在原始凭证上更正。

原始凭证不得外借，其他单位如因特殊原因需要使用原始凭证时，经本单位会计机构负责人、会计主管人员批准，可以复制。

从外单位取得的原始凭证如有遗失，应当取得原开出单位盖有公章的证明，并注明原来凭证的号码、金额和内容等，由经办单位会计机构负责人、会计主管人员和单位领导人批准后，才能代作原始凭证。如果确实无法取得证明的，如火车、轮船、飞机票等凭证，由当事人写出详细情况，由经办单位会计机构负责人、会计主管人员和单位领导人批准后，代作原始凭证。

2.记账凭证

记账凭证，又称传票，是指对经济业务事项按其性质加以归类，确定会计分录，并据以登记会计账簿的凭证。其分为收款凭证、付款凭证和转账凭证，也可使用通用记账凭证。

记账凭证应当根据经过审核的原始凭证及有关资料编制。填制记账凭证时，应当对记账凭证进行连续编号。一笔经济业务需要填制两张以上记账凭证的，可以采用分数编号法编号。记账凭证可以根据每一张原始凭证填制，或者根据若干张同类原始凭证汇总填制，也可以根据原始凭证汇总表填制。但不得将不同内容和类别的原始凭证汇总填制在一张记账凭证上。除结账和更正错误的记账凭证可以不附原始凭证外，其他记账凭证必须附有原始凭证。如果一张原始凭证涉及几张记账凭证，可以把原始凭证附在一张主要的记账凭证后面，并在其他记账凭证上注明附有该原始凭证的记账凭证编号或者附原始凭证复印件。一张原始凭证所列支出需要几个单位共同负担的，应当将其他单位负担的部分，开给对方原始凭证分割单，进行结算。原始凭证分割单必须具备原始凭证的基本内容及费用分摊情况等。

如果在填制记账凭证时发生错误，应当重新填制。已经登记入账的记账凭证，在当年内发现填写错误时，可以用红字填写一张与原内容相同的记账凭证冲销，同时再用蓝字重新填制一张正确的记账凭证。如果只是金额错误，也可以将正确的金额与错误的金额之间的差额，另编一张记账凭证，调增金额用蓝字，调减金额用红字。发现以前年度记账凭证有错误的，应当用蓝字填制一张更正的记账凭证。

3.5.2 登记账簿

会计账簿包括总账、明细账、日记账和其他辅助性账簿，库存现金日记账和银行存款日记账必须采用订本式账簿。出纳主要负责银行存款日记账和库存现金日记账的登记工作，日记账是按照经济业务的发生或完成时间的先后顺序逐日逐笔登记的账簿。设置日记账的目的是将经济业务按时间顺序清晰地反映在账簿记录中。为了详细地记录货币资金的收支业务，每个企业都要设置库存现金日记账和银行存款日记账，并由出纳员负责登记和保管。

1. 日记账的基本结构。

（1）封面。

封面主要标明账簿的名称（如图3-1所示）。

图3-1 日记账封面

（2）账簿启用表。

为了保证会计账簿记录的合法性和资料的完整性，明确记账责任，在启用账簿时，要填写账簿启用表。其主要内容有：填列账簿启用的日期；页数、册次；经管账簿人员一览表和签章；会计主管人员签章等（见表3-1）。

表3-1

<table>
<tr><td colspan="10">账簿启用表</td><td>单位公章</td></tr>
<tr><td>单位名称</td><td colspan="9"></td><td rowspan="5"></td></tr>
<tr><td>账簿名称</td><td colspan="9"></td></tr>
<tr><td>账簿编号</td><td colspan="9">字第　号第　册共　册</td></tr>
<tr><td>账簿页数</td><td colspan="9">本账簿共计　页</td></tr>
<tr><td>启用日期</td><td colspan="9">年　月　日</td></tr>
<tr><td colspan="2">经管人员</td><td colspan="3">接管</td><td colspan="3">移交</td><td colspan="2">会计负责人</td><td>印花税票粘贴处</td></tr>
<tr><td>姓名</td><td>盖章</td><td>年</td><td>月</td><td>日</td><td>年</td><td>月</td><td>日</td><td>姓名</td><td>盖章</td><td rowspan="5"></td></tr>
<tr><td></td><td></td><td></td><td></td><td></td><td></td><td></td><td></td><td></td><td></td></tr>
<tr><td></td><td></td><td></td><td></td><td></td><td></td><td></td><td></td><td></td><td></td></tr>
<tr><td></td><td></td><td></td><td></td><td></td><td></td><td></td><td></td><td></td><td></td></tr>
<tr><td></td><td></td><td></td><td></td><td></td><td></td><td></td><td></td><td></td><td></td></tr>
</table>

（3）账页。

账页是账簿用来记录经济业务事项的载体，包括账户的名称、登记账户的日期栏、凭证种类和号数栏、摘要栏、金额栏、页次等基本内容（见表3-2和表3-3）。

表3-2 库存现金日记账 第　页

年		凭证		摘要	借方											贷方											借或贷	余额											核对号
月	日	种类	号数		亿	千	百	十	万	千	百	十	元	角	分	亿	千	百	十	万	千	百	十	元	角	分		亿	千	百	十	万	千	百	十	元	角	分	

表 3-3　　银行存款日记账　　第　页

年		凭证		摘要	借方											贷方											借或贷	余额											核对号
月	日	种类	号数		亿	千	百	十	万	千	百	十	元	角	分	亿	千	百	十	万	千	百	十	元	角	分		亿	千	百	十	万	千	百	十	元	角	分	

2. 银行存款日记账。

银行存款日记账是用来序时核算和监督银行存款收入、支出和结存情况的账簿，由出纳员根据审核无误的有关银行存款收、付款的记账凭证，序时逐笔登记的账簿。

（1）银行存款日记账的种类。

银行存款日记账一般采用“三栏式”账页格式（见表3-4），即在账页中分别设置“借方”栏、“贷方”栏和“余额”栏。银行存款日记账中还应有“年、月、日”“凭证编号”“摘要”“结算方式”“对方科目代码”等内容，每月终了结算出余额并与银行对账单核对。

表 3-4　　三栏式银行存款日记账　　第　页

年		凭证编号	摘要	结算方式		对方科目代码	借方										√	贷方										√	余额									
月	日			种类	号数		千	百	十	万	千	百	十	元	角	分		千	百	十	万	千	百	十	元	角	分		千	百	十	万	千	百	十	元	角	分

在会计实务中，银行存款日记账也可采用多栏式，多栏式银行存款日记账是将收入金额栏和支出金额栏，按对应科目各设若干专栏，用以序时地、分类地反映与银行存款收支有关的经济业务。在登记多栏式银行存款日记账时，如果是银行存款收入，则要将金额记入对应贷方科目栏内，同时记入银行存款收入合计栏内；如果是银行存款支出，

则要将金额记入对应借方科目栏内，同时记入银行存款支出合计栏内。每月终了，应在“余额”栏内结出银行存款余额。多栏式银行存款日记账可分为银行存款收入日记账和银行存款支出日记账（见表3-5和表3-6）。

表3-5 银行存款收入日记账 第 页

年		凭证		结算凭证	摘要	贷方科目				收入合计	过账	支出合计	余额
月	日	字	号			库存现金	主营业务收入	其他业务收入	…				

表3-6 银行存款支出日记账 第 页

年		凭证		结算凭证	摘要	借方科目				支出合计	过账	收入合计	余额
月	日	字	号			库存现金	管理费用	材料采购	…				

（2）银行存款日记账的登记要求。

①出纳员必须根据审核无误的银行存款收、付款凭证和现金付款凭证登记。

小提示3-1

出纳员对认为有问题的会计凭证，应提交会计主管人员进一步审核，在审核结果未出来前，出纳员可以拒绝入账。

②出纳员应将会计凭证的日期、种类和编号、业务的内容摘要、金额等逐项记入账内，同时要在会计凭证上注明账簿的页数，或“√”符号，表示已经登记入账，防止漏记、重记和错记情况的发生。

③登记账簿时必须逐页、逐行顺序连续登记，不得隔页、跳行，若出现空行或隔页应用红线对角划掉，并由记账人员盖章。

④出纳员应每天逐笔登记已发生的经济业务，且按日结出余额。在“借或贷”栏内写明“借”或“平”字。库存现金日记账余额每天还要与库存现金进行核对。

⑤摘要文字紧靠左线；数字要写在金额栏内，不得越格错位、参差不齐；文字、数字字体大小适中，紧靠下线书写，上面要留有适当空距，一般应占行高的1/2，以备按

规定的方法改错。记录金额时，如为没有角分的整数，应分别在角分栏内写上“0”，不得省略不写，或以“—”号代替。阿拉伯数字一般可自左向右适当倾斜，以使账簿记录整齐、清晰。

银行存款日记账书写规范样式见表3-7。

表3-7 银行存款日记账

2020年 月	日	凭证编号	摘要	结算方式	对方科目	借方（千百十万千百十元角分）	√	贷方（千百十万千百十元角分）	余额（千百十万千百十元角分）
5	1		期初余额						25540000
	2	银收字	提取现金		库存现金			3640000	21900000
	3	银收字	收回货款转账		应收账款	18860000			40760000

书写摘要文字时要紧靠左线，不要滥造简化字，不得使用同音异义字

数字可自左向右适当倾斜，使账簿记录整齐、清晰

数字应紧靠下线书写，上面要留有适当空距，一般应占行高的1/2，以备按规定方法改错

⑥登记时日记账要用蓝黑墨水或者碳素墨水书写，红色墨水笔只能在结账、划线和冲账时使用。同时为了使账簿记录保持清晰，字迹必须要工整。

⑦每登记满一张账页结转下页时，需要在最后一行结出本页发生总额，然后，将总额和余额转抄下页，在摘要栏内写明“过次页”和“承前页”。在登账过程中出现错误，应采用正确的方法予以更正，不得刮、擦、挖、补（如图3-2）。

银行存款日记账

2020年 月	日	凭证 种类	凭证 号数	对方科目	摘要	过账	收入金额（千百十万千百十元角分）	付出金额（千百十万千百十元角分）	结余金额（千百十万千百十元角分）
6	1				期初余额				19345000
	2			库存现金	提现备用			100000	19245000
					过次页		24733400	6440960	37637440

银行存款日记账

年 月	日	凭证 种类	凭证 号数	对方科目	摘要	过账	收入金额（千百十万千百十元角分）	付出金额（千百十万千百十元角分）	结余金额（千百十万千百十元角分）
					承前页		24733400	6440960	37637440

图3-2 “过次承前”登记格式

（3）银行存款日记账的设置与登记。

①日期栏：应根据记账凭证的日期登记。

②凭证编号栏：登记银行存款日记账所依据的记账凭证的种类和号数。

③摘要栏：对经济业务的简要说明。

④结算方式栏（可略）：根据所发生的经济业务的结算凭证的种类和编号填写。

⑤对方科目栏：根据记账凭证中银行存款科目的对应科目填列。

⑥金额栏：借方栏根据银行存款收款凭证或现金付款凭证合计金额填列；贷方栏根据银行存款付款凭证合计金额填列；余额栏根据借方、贷方金额计算填列。

银行存款日记账的登记见表3-8。

表3-8

填制记账凭证的日期

简要说明登记入账的经济业务的内容

根据银行存款收款凭证和有关的现金付款凭证登记

根据银行存款付款凭证登记

银行存款日记账

2020年 月	日	记账凭证编号	摘要	对方科目	借方（千百十万千百十元角分）	贷方（千百十万千百十元角分）	借或贷	余额（千百十万千百十元角分）
12	1		期初余额				借	25000000
		银付1	提现备用	库存现金		200000	借	24800000
		银收1	向银行借入短期借款	短期借款	6000000		借	30800000
		银收2	销售A产品	主营业务收入	4680000		借	35480000
		银付2	购买甲材料	原材料		5850000	借	29630000
		银付3	偿还前欠华丰公司货款	应付账款		3400000	借	26230000
		银付4	支付广告费	销售费用		800000	借	25430000
		银收3	收到江运公司前欠货款	应收账款	4000000		借	29430000
			本日合计		14680000	10250000	借	29430000

登记入账的收付款凭证的种类及号数

银行存款收入的来源科目或支出的用途科目

结出银行存款账面余额

小提示3-2

期末，银行存款日记账要与银行对账单进行逐笔核对，来检验银行存款日记账的记录是否正确，如核对不相符要查明原因。

（4）银行存款日记账的核对。

银行存款日记账的核对是通过与银行送来的对账单进行核对完成的。银行存款日记账的核对还包括银行存款日记账与银行存款收、付款凭证互相核对，做到账证相符；银行存款日记账与银行存款总账相互核对，做到账账相符。

①账证核对。

收付凭证是登记银行存款日记账的依据，账目和凭证应该是完全一致的，但是在记账过程中，由于各种原因，往往会发生重记、漏记、记错方向或记错数字等情况。账证核对主要按照业务发生先后顺序逐笔进行，检查项目主要包括：核对凭证的编号；检查记账凭证与原始凭证两者是否完全相符；查对账证金额与方向的一致性。

检查中若发现差错，要立即按照规定方法更正，以确保账证完全一致。

②账账核对。

银行存款日记账是根据收付凭证逐项登记的，银行存款总账是根据收付凭证汇总登记的，记账依据是相同的，记录结果应一致。但由于两种账簿是由不同人员分别记账的，而且总账一般是汇总登记的，在汇总和登记过程中，都有可能发生差错。日记账是一笔一笔地记，记录次数多，难免会发生差错。平时应经常核对两账的余额，每月终了结账后，总账各科目的借方发生额、贷方发生额以及月末余额都已试算平衡，一定还要将其分别同银行存款日记账中的本月收入合计数、支出合计数和余额相互核对。如果不符，应查出差错在哪一方，如果借方发生额出现差错，应查找银行存款收款凭证和银行存款收入一方的账目；反之，则查找银行存款付款凭证和银行存款付出一方的账目。找出差错，应立即加以更正，做到账账相符。

③账实核对。

企事业单位在银行中的存款实有数是通过“银行对账单”来反映的，所以账实核对是银行存款日记账定期与“银行对账单”核对，至少每月一次，这是出纳员的一项重要的日常工作。

从理论上讲，“银行存款日记账”的记录与银行开出的“银行对账单”无论是发生额，还是期末余额都应是完全一致的，因为它是同一账号存款的记录，但是通过核对，会发现双方的账目经常出现不一致的情况，原因有两个：一是双方账目可能发生记录或计算上的错误，如单位记账漏记、重记等，这种错误应由双方及时查明原因，予以更正。二是有“未达账项”。“未达账项”是指由于期末凭证传递时间的差异，而造成的银行与开户单位之间一方已入账、另一方尚未入账的账项。无论是记录有误，还是有“未达账项”，都要通过单位银行存款日记账的记录与银行开出的“银行对账单”进行逐笔“核对”才能发现。

具体做法是出纳员根据银行提供的“银行对账单”同自己的“银行存款日记账”进行核对。核对时，需要对凭证的种类、编号、摘要、记账方向、金额、记账日期等内容进行逐项核对，凡是对账单与银行存款日记账记录内容相同的可用“√”在对账单和日记账上分别标示，以标明该笔业务核对一致；若有“未达账项”，应编制“银行存款余额调节表”进行调节，使双方余额相等。

3.库存现金日记账。

库存现金日记账是用来序时核算和监督库存现金收入、支出和结存情况的账簿，由出纳员根据审核无误的有关库存现金收、付款的记账凭证和银行存款付款凭证（记录从银行提取现金的业务），逐日逐笔序时登记。

（1）库存现金日记账的种类。

库存现金日记账一般采用“三栏式”账页格式（见表3-9），即在账页中分别设置“借方（收入）”栏、“贷方（付出）”栏和“余额（结存）”栏。库存现金日记账中还有“年、月、日”、“凭证编号（号数）”、“摘要”和“对方科目”等内容，每月终了结算出余额并与实存现金数额核对。

表3-9　　库存现金日记账（三栏式）　　第　页

年		凭证编号	摘要	对方科目	借方										√	贷方										√	余额									
月	日				千	百	十	万	千	百	十	元	角	分		千	百	十	万	千	百	十	元	角	分		千	百	十	万	千	百	十	元	角	分

在会计实务中，库存现金日记账也可采用多栏式，多栏式库存现金日记账是将收入金额栏和支出金额栏，按对应科目各设若干专栏，用以序时地、分类地反映与现金收支有关的经济业务。在登记多栏式库存现金日记账时，如果是现金收入，要将金额记入对应贷方科目栏内，同时记入“收入合计”栏内；如果是现金支出，则要将金额记入对应借方科目栏内，同时记入“支出合计”栏内。每月终了，应在“余额”栏内结出库存现金余额。多栏式库存现金日记账可分为库存现金收入日记账和库存现金支出日记账。其一般格式分别见表3-10和表3-11。

表3-10　　库存现金收入日记账　　第　页

年		凭证		摘要	贷方科目				收入合计	过账	支出合计	余额
月	日	字	号		银行存款	主营业务收入	其他业务收入	…				

（2）库存现金日记账的登记要求。

①出纳员必须根据审核无误的现金收、付款凭证和银行存款付款凭证登记。

②所记载的内容必须同会计凭证相一致，不得随便增减。每一笔账都要记明记账凭证的日期、编号、摘要、金额和对应科目等。经济业务的摘要不能过于简略，应以能够清楚地表述业务内容为度，便于事后查对。日记账应逐笔分行记录，不得将收款凭证和付款凭证合并登记，也不得将收款、付款相抵后以差额登记。登记完毕，应当逐项复核，复核无误后在记账凭证上的“账页”一栏内填过账符号“√”，表示已经登记入账。

表3-11　　　　　　　　库存现金支出日记账　　　　　　　　第　页

年		凭证		摘要	借方科目				支出合计	过账	收入合计	余额
月	日	字	号		银行存款	材料采购	管理费用	…				

③为了及时掌握库存现金收、付和结余情况，库存现金日记账必须当日账务当日记录，并于当日结出余额；有些现金收付业务频繁的单位，还应随时结出余额，以掌握收支计划的执行情况。

④库存现金日记账采用订本式账簿，其账页不得以任何理由撕去，作废的账页也应留在账簿中。在一个会计年度内，账簿尚未用完时，不得以任何借口更换账簿或重抄账页。记账时必须按页次、行次、位次顺序登记，不得跳行或隔页登记，如不慎发生跳行、隔页，应在空页或空行中间划线加以注销，或注明"此行空白""此页空白"字样，并由记账人员盖章，以示负责。

⑤库存现金日记账必须逐日结出余额，每月月末必须按规定结账。库存现金日记账不得出现贷方余额（红字余额）。

（3）库存现金日记账的设置与登记。

①日期栏：应根据记账凭证的日期登记。

②凭证编号栏：登记库存现金日记账所依据的记账凭证的种类和号数。

③摘要栏：对经济业务的简要说明。

④对方科目栏：根据记账凭证中库存现金科目的对应科目填制。

⑤金额栏：借方金额栏根据现金收款凭证或银行存款付款凭证中的合计金额填列；贷方金额栏根据现金付款凭证中的合计金额填列；余额栏根据借方、贷方金额计算填列。

库存现金日记账的登记见表3-12。

（4）库存现金日记账的核对。

为了使库存现金日记账的账面记录完整、准确，使其与有关的账目、款项相符，出纳员在收、付现金以后，要及时记账，并且要按照一定的程序进行对账。

对账，就是对账簿记录的内容进行核对，使账证、账账和账实相符的过程。库存现金日记账的账证核对，主要是指库存现金日记账的记录与有关的收、付款凭证进行核对；库存现金日记账的账账核对，则是指库存现金日记账与库存现金总账的期末余额进行核对；库存现金日记账的账实核对，则是指库存现金日记账的余额与实际库存数额的核对。

表3-12

填制记账凭证的日期

简要说明登记入账的经济业务的内容

根据现金收款凭证和有关的银行存款付款凭证登记

根据现金付款凭证登记

库存现金日记账

2020年 月	日	凭证编号	摘要	对方科目	借方（千百十万千百十元角分）	贷方（千百十万千百十元角分）	借或贷	余额（千百十万千百十元角分）
12	1		期初余额				借	300000
		银付1	提现备用	银行存款	200000		借	500000
		现付1	支付销售产品运杂费	销售费用		30000	借	470000
		现付2	王兰出差预借差旅费	其他应收款		200000	借	270000
		现付3	支付业务招待费	管理费用		62000	借	208000
			本日合计		200000	292000	借	208000

登记入账的收付款凭证的种类及号数

现金收入的来源科目或现金支出的用途科目

逐日结出现金账面余额

具体操作方法如下：

①库存现金日记账与现金收、付款凭证核对。收、付款凭证是登记库存现金日记账的依据，账目和凭证应该是完全一致的。但是，在记账过程中，由于工作粗心等原因，往往会发生重记、漏记、记错方向或记错数字等情况。账证核对要按照业务发生的先后顺序一笔一笔地进行。检查的项目主要是：核对凭证编号、复查记账凭证与原始凭证，看两者是否完全相符；查对账证金额与方向的一致性；检查如发现差错，要立即按规定方法更正，确保账证完全一致。

②库存现金日记账与库存现金总账的核对。库存现金日记账是根据收、付款凭证逐笔登记的，库存现金总账是根据收、付款凭证汇总登记的，记账的依据是相同的，记录的结果应该完全一致。但是，由于两种账簿是由不同人员分别记账，而且总账一般是汇总登记，在汇总和登记过程中，都有可能发生差错；日记账是一笔一笔登记的，记录的次数多，难免发生差错。因此，出纳员应定期出具“出纳报告单”与总账会计进行核对。平时要经常核对两账的余额，每月终了结账后，总账各个科目的借方发生额、贷方发生额和余额都已试算平衡，一定要将总账中库存现金本月借方发生额、贷方发生额以及月末余额分别同库存现金日记账的本月收入（借方）合计数、本月支出（贷方）合计数和余额相互核对，查看账账之间是否完全相符。如果不符，应查出差错出在哪一方，如果借方发生额出现差错，应查找现金收款凭证、银行存款付款凭证（提取现金业务）和现金收入一方的账目；反之，则应查找现金付款凭证和现金付出一方的账目。找出错误后应立即按规定的方法加以更正，做到账账相符。

③库存现金日记账与库存现金的核对。出纳员在每天业务终了以后，应自行清查账款是否相符。首先结出当天库存现金日记账的账面余额，再盘点库存现金的实有数，看两者是否完全相符。在实际工作中，凡是有当天来不及登记的现金收、付款凭证的，均应按“库存现金实有数＋未记账的付款凭证金额－未记账的收款凭证金额＝库存现金日记账账存余额”的公式进行核对。反复核对仍不相符的，即说明当日记账或实际现金收、付有误。在这种情况下，出纳员一方面应向会计负责人报告，另一方面应对当天办理的收、付款业务逐笔回忆，争取尽快找出差错的原因。

4.结账。

结账，是指把一定时期内应记入账簿的经济业务全部登记入账后，计算记录本期发生额及期末余额，并将余额结转下期或新的账簿。出纳人员应按照规定，对库存现金日记账、银行存款日记账按月、季、年结账。日记账的结账方法见表3-13。

（1）日记账按月结账。

月结时，应在该月最后一笔经济业务下面划一条通栏单红线，在红线下“摘要”栏内注明“本月合计”字样，在“借方”栏、“贷方”栏和“余额”栏分别填入本月合计数和月末余额，同时在“借或贷”栏内注明借贷方向。然后，在这一行下面再划一条通栏红线，以便与下月发生额划清。

（2）日记账按季结账。

季结时，通常在每季度的最后一个月月结的下一行，在“摘要”栏内注明“本季合计”，同时结出借、贷方发生额及季末余额。然后，在这一行下面划一条通栏单红线，表示季结的结束。

（3）日记账按年结账。

年结时，在第四季度季结的下一行，在“摘要”栏注明“本年合计”，同时结出借、贷方发生额及期末余额。然后，在这一行下面划上通栏双红线，以示封账。

年度结账后，日记账应当更换新账。要把账户的余额结转到下一会计年度，并在摘要栏注明“结转下年”字样；在下一会计年度新账的第一行余额栏内填写上年结转的余额，并在摘要栏注明“上年结转”字样。

3.5.3 财务会计报告

财务会计报告，也称财务报告，是指单位对外提供的、反映单位某一特定日期财务状况和某一会计期间经营成果、现金流量等会计信息的文件。

（1）财务会计报告的构成。

财务会计报告由会计报表、会计报表附注和财务情况说明书组成。企业财务会计报告按编制时间分为年度、半年度、季度和月度财务会计报告。年度、半年度财务会计报告应当包括：会计报表、会计报表附注、财务情况说明书。会计报表应当包括资产负债表、利润表、现金流量表及相关附表。季度、月度财务会计报告通常仅指会计报表，会计报表至少应当包括资产负债表和利润表。

表3-13

银行存款日记账

第　页

2020年 月	日	凭证 字	号	支票 种类	号数	摘要	借方 亿千百十万千百十元角分	贷方 亿千百十万千百十元角分	√	借或贷	余额 亿千百十万千百十元角分	√
1	1					上年结转				借	23000000	
	1	银付	1	支票	2101	提现		3500000		借	19500000	
	1	银收	1	支票	3201	销售商品收入	1170000			借	20670000	
	1	银收	2	委收	5806	收回前欠货款	578000			借	21248000	
	2	银收	3	支票	3202	销售商品收入	6530000			借	27778000	
						略						
	31					本月合计	18459320	26436900		借	15022420	
						1—11月累计	1649382600	1598732800		借	73649800	
12	1	银收	1	支票	4703	收回前欠货款	8500000			借	82149800	
	1	银收	2	转存	1137	向银行取得借款	60000000			借	142149800	
	1	银付	1	支票	4712	支付购料款		117000000		借	25149800	
						略						
	31					本月合计		357928000		借	10405800	
	31					本年累计	1964066600	1956660800		借	30405800	
						结转下年						

银行存款日记账

第　页

2021年 月	日	凭证 字	号	支票 种类	号数	摘要	借方 亿千百十万千百十元角分	贷方 亿千百十万千百十元角分	√	借或贷	余额 亿千百十万千百十元角分	√
1	1					上年结转				借	30405800	

(2) 财务会计报告的对外提供。

向不同的会计资料使用者提供的财务会计报告，其编制依据应当一致。有关法律、行政法规规定会计报表、会计报表附注和财务情况说明书须经注册会计师审计的，注册会计师及其所在的会计师事务所出具的审计报告应当随同财务会计报告一并提供。

对外报送的财务会计报告，由单位领导人、总会计师、会计机构负责人、会计主管人员签名或者盖章。单位领导人对财务会计报告的合法性、真实性负法律责任。国有企业、国有控股的或者占主导地位的企业，应当至少每年一次向本企业的职工代表大会公布财务会计报告。接受企业财务会计报告的组织或者个人，在企业财务会计报告未正式对外披露前，应当对其内容保密。

3.5.4 会计档案管理

1.会计档案的概念

会计档案是指单位在进行会计核算等过程中接收或形成的，记录和反映单位经济业务事项的，具有保存价值的文字、图表等各种形式的会计资料，包括通过计算机等电子设备形成、传输和存储的电子会计档案。各单位的预算、计划、制度等文件材料属于文书档案，不属于会计档案。

2.会计档案的归档

（1）会计档案的归档范围。

①会计凭证，包括原始凭证、记账凭证；

②会计账簿，包括总账、明细账、日记账、固定资产卡片及其他辅助性账簿；

③财务会计报告，包括月度、季度、半年度财务会计报告和年度财务会计报告；

④其他会计资料，包括银行存款余额调节表、银行对账单、纳税申报表、会计档案移交清册、会计档案保管清册、会计档案销毁清册、会计档案鉴定意见书及其他具有保存价值的会计资料。

（2）会计档案归档要求。

当年形成的会计档案，在会计年度终了后，可由单位会计管理机构临时保管1年，再移交单位档案管理机构保管。因工作需要确需推迟移交的，应当经单位档案管理机构同意。单位会计管理机构临时保管会计档案最长不超过3年。临时保管期间，会计档案的保管应当符合国家档案管理的有关规定，且出纳人员不得兼管会计档案。

3.会计档案的移交和利用

单位会计管理机构在办理会计档案移交时，应当编制会计档案移交清册，并按照国家档案管理的有关规定办理移交手续。

纸质会计档案移交时应当保持原卷的封装。电子会计档案移交时应当将电子会计档案及其元数据一并移交，且文件格式应当符合国家档案管理的有关规定。

单位保存的会计档案一般不得对外借出。确因工作需要且根据国家有关规定必须借出的，应当严格按照规定办理相关手续。会计档案借用单位应当妥善保管和利用借入的会计档案，确保借入会计档案的安全完整，并在规定时间内归还。

4.会计档案的保管期限

会计档案保管期限分为永久、定期两类。会计档案的保管期限是从会计年度终了后的第一天算起。永久，是指会计档案须永久保存；定期，是指会计档案保存应达到法定的时间，定期保管期限一般分为10年和30年。《会计档案管理办法》规定的会计档案保管期限为最低保管期限。具体规定见表3-14。

表3-14 会计档案保管期限

保管年限	会计档案
永久	年度财务会计报告、会计档案保管清册、会计档案销毁清册、会计档案鉴定意见书
30年	凭证、账簿、会计档案移交清册
10年	其他财务会计报告、银行存款余额调节表、银行对账单、纳税申报表
特殊	固定资产卡片账在固定资产报废清理后保管5年

5.会计档案的鉴定和销毁

(1) 会计档案的鉴定

单位应当定期对已到保管期限的会计档案进行鉴定，并形成会计档案鉴定意见书。经鉴定，仍需继续保存的会计档案，应当重新划定保管期限；对保管期满，确无保存价值的会计档案，可以销毁。会计档案鉴定工作应当由单位档案管理机构牵头，组织单位会计、审计、纪检监察等机构或人员共同进行。

(2) 会计档案的销毁

①单位档案管理机构编制会计档案销毁清册，列明拟销毁会计档案的名称、卷号、册数、起止年度、档案编号、应保管期限、已保管期限和销毁时间等内容。

②单位负责人、档案管理机构负责人、会计管理机构负责人、档案管理机构经办人、会计管理机构经办人在会计档案销毁清册上签署意见。

③单位档案管理机构负责组织会计档案销毁工作，并与会计管理机构共同派员监销。监销人在会计档案销毁前应当按照会计档案销毁清册所列内容进行清点核对；在会计档案销毁后，应当在会计档案销毁清册上签名或盖章。

电子会计档案的销毁还应当符合国家有关电子档案的规定，并由单位档案管理机构、会计管理机构和信息系统管理机构共同派员监销。

(3) 不得销毁的会计档案

保管期满但未结清的债权债务原始凭证和涉及其他未了事项的会计凭证不得销毁，纸质会计档案应当单独抽出立卷，电子会计档案单独转存，保管到未了事项完结时为止。单独抽出立卷或转存的会计档案，应当在会计档案鉴定意见书、会计档案销毁清册和会计档案保管清册中列明。

3.6 出纳工作的管理

(1) 行政管理。

会计工作的主管部门，是指代表国家对会计工作行使管理职能的政府部门。《会计法》规定：“国务院财政部门主管全国的会计工作。县级以上地方各级人民政府财政部门管理本行政区域内的会计工作。”

（2）单位内部的工作管理。

单位负责人对本单位的会计工作和会计资料的真实性、完整性负责。

单位负责人是指单位法定代表人或者法律、行政法规规定代表单位行使职权的主要负责人。单位负责人应当保证会计机构、会计人员依法履行职责，不得授意、指使、强令会计机构、会计人员违法办理会计事项。

3.7 出纳工作的监督

1.单位内部监督

会计工作的单位内部监督是指各单位的会计机构、会计人员依据法律、法规、国家统一的会计制度及单位内部会计管理制度等的规定，通过会计手段对本单位经济活动的合法性、合理性和有效性进行监督。内部会计监督的主体是各单位的会计机构、会计人员，内部会计监督的对象是单位的经济活动。

（1）单位内部监督的基本要求

①记账人员与经济业务事项和会计事项审批人员、经办人员、财物保管人员的职责权限应当明确，并相互分离、相互制约；

②重大对外投资、资产处置、资金调度和其他重要经济业务事项的决策和执行的相互监督、相互制约程序应当明确；

③财产清查的范围、期限和组织程序应当明确；

④对会计资料定期进行内部审计的办法和程序应当明确。

（2）会计机构和会计人员在单位内部会计监督中的职责

①对违反《会计法》和国家统一的会计制度规定的会计事项，有权拒绝办理或者按照职权予以纠正。

②发现会计账簿记录与实物、款项及有关资料不相符的，按照国家统一的会计制度的规定有权自行处理的，应当及时处理；无权处理的，应当立即向单位负责人报告，请求查明原因，作出处理。

2.政府监督

会计工作的政府监督，主要是指财政部门代表国家对各单位和单位中相关人员的会计行为实施的监督检查，以及对发现的违法会计行为实施行政处罚。这里所说的财政部门，是指国务院财政部门、省级以上人民政府财政部门派出机构和县级以上人民政府财政部门。

此外，《会计法》规定，除财政部门外，审计、税务、人民银行、证券监管、保险监管等部门依照有关法律、行政法规规定的职责和权限，可以对有关单位的会计资料实施监督检查。

财政部门对各单位的下列情况实施监督：

①是否依法设置会计账簿。

②会计凭证、会计账簿、财务会计报告和其他会计资料是否真实、完整。

③会计核算是否符合《会计法》和国家统一的会计制度的规定。

④从事会计工作的人员是否具备专业能力、遵守职业道德。

财政部门在实施监督检查中，发现重大违法嫌疑时，国务院财政部门及其派出机构可以向与被监督单位有经济业务往来的单位和被监督单位开立账户的金融机构查询有关情况，有关单位和金融机构应予以支持。

3.社会监督

会计工作的社会监督，主要是指由注册会计师及其所在的会计师事务所等中介机构接受委托，依法对单位的经济活动进行审计，出具审计报告，发表审计意见的一种监督制度。

任何单位或者个人不得以任何方式要求或者示意注册会计师及其所在的会计师事务所出具不实或者不当的审计报告。

审计报告，是指注册会计师根据审计准则的规定，在执行审计工作的基础上，对被审计单位财务报告发表审计意见的书面文件。

注册会计师应当就财务报告是否在所有重大方面按照适用的财务报告编制基础编制并实现公允反映形成审计意见。

《会计法》规定，任何单位和个人对违反《会计法》和国家统一会计制度规定的行为，有权检举。

知识扩展

违反会计法律制度的法律责任

（1）违反《会计法》的规定，有下列行为之一的，由县级以上人民政府财政部门责令限期改正，可以对单位并处三千元以上五万元以下的罚款；对其直接负责的主管人员和其他直接责任人员，可以处二千元以上二万元以下的罚款；属于国家工作人员的，还应当由其所在单位或者有关单位依法给予行政处分。构成犯罪的，依法追究刑事责任：

①不依法设置会计账簿的；

②私设会计账簿的；

③未按照规定填制、取得原始凭证或者填制、取得的原始凭证不符合规定的；

④以未经审核的会计凭证为依据登记会计账簿或者登记会计账簿不符合规定的；

⑤随意变更会计处理方法的；

⑥向不同的会计资料使用者提供的财务会计报告编制依据不一致的；

⑦未按照规定使用会计记录文字或者记账本位币的；

⑧未按照规定保管会计资料，致使会计资料毁损、灭失的；

⑨未按照规定建立并实施单位内部会计监督制度或者拒绝依法实施的监督或者不如实提供有关会计资料及有关情况的；

⑩任用会计人员不符合《会计法》规定的。

会计人员有上述所列行为之一，情节严重的，五年内不得从事会计工作。

（2）伪造、变造会计凭证、会计账簿，编制虚假财务会计报告，构成犯罪的，依法追究刑事责任。尚不构成犯罪的，由县级以上人民政府财政部门予以通报，可以对单位并处五千元以上十万元以下的罚款；对其直接负责的主管人员和其他直接责任人员，可以处三千元以上五万元以下的罚款；属于国家工作人员的，还应当由其所在单位或者有关单位依法给予撤职直至开除的行政处分；其中的会计人员，五年内不得从事会计工作。

（3）隐匿或者故意销毁依法应当保存的会计凭证、会计账簿、财务会计报告，构成犯罪的，依法追究刑事责任。尚不构成犯罪的，由县级以上人民政府财政部门予以通报，可以对单位并处五千元以上十万元以下的罚款；对其直接负责的主管人员和其他直接责任人员，可以处三千元以上五万元以下的罚款；属于国家工作人员的，还应当由其所在单位或者有关单位依法给予撤职直至开除的行政处分；其中的会计人员，五年内不得从事会计工作。

根据《中华人民共和国刑法》第一百六十二条第二款的规定，隐匿或者故意销毁依法应当保存的会计凭证、会计账簿、财务会计报告，情节严重的，处五年以下有期徒刑或者拘役，并处或者单处二万元以上二十万元以下的罚金。单位犯前款罪的，对单位判处罚金，并对其直接负责的主管人员和其他直接责任人员，依照前款的规定处罚。

（4）授意、指使、强令会计机构、会计人员及其他人员伪造、变造会计凭证、会计账簿，编制虚假财务会计报告或者隐匿、故意销毁依法应当保存的会计凭证、会计账簿、财务会计报告，构成犯罪的，依法追究刑事责任。尚不构成犯罪的，可以处五千元以上五万元以下的罚款；属于国家工作人员的，还应当由其所在单位或者有关单位依法给予降级、撤职、开除的行政处分。

（5）单位负责人对依法履行职责、抵制违反《会计法》规定行为的会计人员以降级、撤职、调离工作岗位、解聘或者开除等方式实行打击报复，构成犯罪的，依法追究刑事责任。尚不构成犯罪的，由其所在单位或者有关单位依法给予行政处分。对受打击报复的会计人员，应当恢复其名誉和原有职务、级别。

根据《刑法》第二百五十五条的规定，公司、企业、事业单位、机关、团体的领导人，对依法履行职责、抵制违反《会计法》规定行为的会计人员实行打击报复，情节恶劣的，处三年以下有期徒刑或者拘役。

拓展训练

一、目的

熟悉库存现金日记账和银行存款日记账的格式，掌握库存现金日记账、银行存款日记账的登记方法。

二、资料

1.大华工厂2020年3月初“库存现金日记账”借方余额为1 600元，“银行存款日记账”借方余额为56 800元。

2.大华工厂2020年3月份发生的与库存现金、银行存款有关的业务如下：

（1）3月3日，职工王勇出差预借差旅费1 000元，付给现金。

（2）3月5日，出售产品一批，价款100 000元，款已收存银行。

（3）3月8日，用银行存款支付前欠货款50 000元。

（4）3月10日，从银行提取现金56 000元，备发工资。

（5）3月10日，用现金56 000元给职工发工资。

（6）3月15日，用银行存款支付短期借款利息1 800元。

（7）3月20日，职工王勇出差回来，交回现金余款240元。

（8）3月26日，用银行存款支付展览费2 000元。

（9）3月28日，用现金购买行政办公用品400元。

（10）3月30日，用银行存款支付车间水电费1 780元。

三、要求

1.根据经济业务内容编制记账凭证（见表3-15至表3-24）。

2.开设三栏式库存现金日记账、银行存款日记账（见表3-25和表3-26）。

3.根据资料1登记库存现金日记账、银行存款日记账的期初余额。

4.根据资料2登记库存现金日记账、银行存款日记账，并进行月度结账。

表3-15

记账凭证

年　　月　　日　　　　　　　　　　字第　　号

摘　要	总账科目	明细科目	记账√	借方金额										记账√	贷方金额									
				千	百	十	万	千	百	十	元	角	分		千	百	十	万	千	百	十	元	角	分

附件　　张

会计主管　　　　记账　　　　出纳　　　　审核　　　　制单

表3-16

记账凭证

年　　月　　日　　　　　　　　　　字第　　号

摘　要	总账科目	明细科目	记账√	借方金额										记账√	贷方金额									
				千	百	十	万	千	百	十	元	角	分		千	百	十	万	千	百	十	元	角	分

附件　　张

会计主管　　　　记账　　　　出纳　　　　审核　　　　制单

表 3-17

记账凭证

年 月 日 字第 号

摘要	总账科目	明细科目	记账√	借方金额										记账√	贷方金额									
				千	百	十	万	千	百	十	元	角	分		千	百	十	万	千	百	十	元	角	分

附件 张

会计主管 记账 出纳 审核 制单

表 3-18

记账凭证

年 月 日 字第 号

摘要	总账科目	明细科目	记账√	借方金额										记账√	贷方金额									
				千	百	十	万	千	百	十	元	角	分		千	百	十	万	千	百	十	元	角	分

附件 张

会计主管 记账 出纳 审核 制单

表 3-19

记账凭证

年 月 日 字第 号

摘要	总账科目	明细科目	记账√	借方金额										记账√	贷方金额									
				千	百	十	万	千	百	十	元	角	分		千	百	十	万	千	百	十	元	角	分

附件 张

会计主管 记账 出纳 审核 制单

表 3-20

记账凭证

年 月 日 字第 号

摘要	总账科目	明细科目	记账√	借方金额										记账√	贷方金额									
				千	百	十	万	千	百	十	元	角	分		千	百	十	万	千	百	十	元	角	分

附件 张

会计主管 记账 出纳 审核 制单

表 3-21

记账凭证

年 月 日 字第 号

摘要	总账科目	明细科目	记账√	借方金额										记账√	贷方金额									
				千	百	十	万	千	百	十	元	角	分		千	百	十	万	千	百	十	元	角	分

附件 张

会计主管 记账 出纳 审核 制单

表 3-22

记账凭证

年 月 日 字第 号

摘要	总账科目	明细科目	记账√	借方金额										记账√	贷方金额									
				千	百	十	万	千	百	十	元	角	分		千	百	十	万	千	百	十	元	角	分

附件 张

会计主管 记账 出纳 审核 制单

表 3-23

记账凭证

年　　月　　日　　　　字第　　号

摘　要	总账科目	明细科目	记账√	借方金额										记账√	贷方金额								
				千	百	十	万	千	百	十	元	角	分		千	百	十	万	千	百	十	元	角	分

附件　张

会计主管　　记账　　出纳　　审核　　制单

表 3-24

记账凭证

年　　月　　日　　　　字第　　号

摘　要	总账科目	明细科目	记账√	借方金额										记账√	贷方金额								
				千	百	十	万	千	百	十	元	角	分		千	百	十	万	千	百	十	元	角	分

附件　张

会计主管　　记账　　出纳　　审核　　制单

表 3-25

库存现金日记账

第　页

年		凭证		摘　要	借　方											贷　方											借或贷	余　额											核对号
月	日	种类	号数		亿	千	百	十	万	千	百	十	元	角	分	亿	千	百	十	万	千	百	十	元	角	分		亿	千	百	十	万	千	百	十	元	角	分	

表3-26　　银行存款日记账　　第　页

年		凭证		摘要	借方											贷方											借或贷	余额											核对号
月	日	种类	号数		亿	千	百	十	万	千	百	十	元	角	分	亿	千	百	十	万	千	百	十	元	角	分		亿	千	百	十	万	千	百	十	元	角	分	

四、单项选择题

1.下列各项中，属于对本单位的会计工作和会计资料的真实性、完整性负责的是（　　）。

A.总会计师　　B.会计机构负责人

C.主管会计人员　　D.单位负责人

2.主管本行政区域内会计工作的是（　　）。

A.省级以上地方人民政府财政部门　　B.县级以上地方人民政府

C.国务院财政部门　　D.县级以上地方人民政府财政部门

3.《会计法》要求，作为记账凭证编制依据的必须是（　　）的原始凭证和有关资料。

A.经办人签字　　B.经过审核

C.金额无误　　D.领导认可

4.下列关于会计凭证和会计账簿的说法中，不正确的是（　　）。

A.会计凭证是会计核算的重要会计资料

B.会计凭证按其来源和用途，分为原始凭证和记账凭证两种

C.原始凭证金额有错误的，应当由出具单位重开或者更正

D.日记账包括库存现金日记账和银行存款日记账

5.下列关于会计凭证的说法中，错误的是（　　）。

A.结账的业务，记账凭证可以不附原始凭证

B.更正错误，记账凭证可以不附原始凭证

C.一张原始凭证所列的支出需要由两个以上的单位共同负担时，应当由保存该原始凭证的单位将该原始凭证的复印件给其他应负担的单位

D.原始凭证上的各项内容均不得涂改

6.下列关于会计账簿的表述中，不正确的是（　　）。

A.会计账簿分为总账、明细账、日记账以及备查账

B.会计账簿出现跳行现象的，更正后应由会计人员和会计机构负责人（会计主管人员）在更正处盖章

C.会计账簿必须依据经过审核的会计凭证进行登记

D.任何单位不得在法定账簿之外私设会计账簿

7.所谓提供虚假财务会计报告，是指（　　）。

A.以虚假的经济业务事项为前提编造不真实的会计凭证、会计账簿

B.以涂改、挖补等手段来改变会计凭证、会计账簿等的真实内容，歪曲事实真相

C.编造虚假的会计凭证、会计账簿等会计资料或直接篡改财务会计报告上的数据

D.以上答案都不对

8.对记载不准确、不完整的原始凭证，会计人员应当（　　）。

A.拒绝接受，并报告领导，要求查明原因

B.应予以销毁，并报告领导，要求查明原因

C.予以退回，并要求经办人员按规定进行更正、补充

D.拒绝接受，无须让经办人员进行更正、补充

9.单位在审核原始凭证时，发现外来原始凭证的金额有错误，应由（　　）。

A.接受凭证单位更正并加盖公章

B.原出具凭证单位更正并加盖公章

C.原出具凭证单位重开

D.经办人员更正并报领导审批

10.《会计法》规定，我国会计年度自（　　）。

A.公历1月1日起至12月31日止

B.农历1月1日起至次年1月1日止

C.公历4月1日起至次年3月31日止

D.公历10月1日起至次年9月30日止

11.下列各项中，不属于会计资料的是（　　）。

A.会计凭证　　B.会计账簿

C.财务会计报告　　D.经济合同

12.会计核算的内容不包括（　　）。

A.资本、基金的增减　　B.制订下年度开支计划

C.财务成果的计算和处理　　D.财物的收发、增减和使用

13.会计人员的下列行为中，属于违反会计法律制度的是（　　）。

A.会计人员小王上班经常迟到早退

B.会计人员李某沉溺于赌博，不爱钻研业务

C.会计人员张某挪用公款炒股

D.会计机构负责人赵某满足于记账算账，不利用大量而丰富的会计信息参与本单位经营管理

14.根据《中华人民共和国刑法》的规定，单位负责人对依法履行职责、抵制会计违法行为的会计人员实行打击报复，情节严重的，处（　　）以下有期徒刑或拘役。

A.1年　　B.2年　　C.3年　　D.5年

15.根据《会计法》的规定，对于未按规定保管会计资料，致使会计资料毁损、灭失的单位，县级以上人民政府财政部门责令限期改正，并可以处（　　）。

A.2 000元以上50 000元以下的罚款

B.3 000元以上50 000元以下的罚款

C.4 000元以上50 000元以下的罚款

D.5 000元以上50 000元以下的罚款

16.《会计法》规定，县级以上财政部门对于伪造、变造会计凭证、会计账簿或者编制虚假财务会计报告，尚不构成犯罪的单位，在通报的同时，可以处以（　　）罚款。

A.5 000元以上5万元以下　　B.5 000元以上10万元以下

C.1 000元以上5万元以下　　D.1 000元以上10万元以下

17.单位负责人对依法履行职责、抵制违反会计法规定行为的会计人员以降级、撤职、调离工作岗位、解聘或开除等报复行为，构成犯罪的，依法追究刑事责任；尚不构成犯罪的，由其所在单位或有关单位（　　）。

A.依法追究民事责任　　B.依法给予行政处罚

C.依法给予行政处分　　D.依法追究刑事责任

18.下列各项中，不属于财务会计报告组成内容的是（　　）。

A.会计报表　　B.报表附注

C.财务情况说明书　　D.经济活动分析书

19.下列各项中，不属于会计档案的是（　　）。

A.会计凭证　　B.会计账簿

C.财务会计报告　　D.年度财务计划

20.下列企业的会计档案中，需要永久保留的是（　　）。

A.年度财务会计报告　　B.总账

C.银行对账单　　D.会计档案移交清册

五、多项选择题

1.下列关于会计档案的表述中，不符合《会计档案管理办法》规定的有（　　）。

A.会计档案保管期限分为10年、30年

B.银行存款余额调节表的保管期限为30年

C.单位会计档案销毁后单位负责人应在会计档案销毁清册上签署意见

D.会计档案的保管期限从本年度终了的最后一天开始计算

2.下列属于会计档案的有（　　）。

A.银行对账单　　B.固定资产卡片

C.内部货币资金管理制度　　D.财务收支计划

3.根据会计法律制度的规定，下列关于原始凭证的表述中，正确的有（　　）。

A.原始凭证必须来源于单位外部

B.原始凭证金额有误，应当由出具单位重开，不得在原始凭证上更正

C.各项内容均不得"涂改"

D.原始凭证的格式应当统一

4.财务会计报告分为（　　）财务会计报告。

A.年度　　B.半年度　　C.季度　　D.月度

5.下列各项中，属于会计报表的有（　　）。

A.资产负债表　　B.利润表

C.销售汇总表　　D.年度生产计划表

6.下列各项中，属于会计核算内容的有（　　）。

A.财物的收发、增减和使用　　B.债权债务的发生和结算

C.资本、基金的增减　　D.财务成果的计算和处理

7.A企业为对外商贸流通企业，产品主要销往欧洲，在确认记账本位币时，会计甲认为公司在中国设立，本位币应该是人民币；会计乙认为虽然公司在中国设立，但业务结算以欧元为主，应该用欧元作为记账本位币，则下列表述中，正确的有（　　）。

A.根据《会计法》的规定，在中国设立的企业记账本位币只能是人民币，不能是其他外币

B.该企业的业务收支以欧元为主，应该用欧元为记账本位币

C.如果以欧元为记账本位币，则编制报表时应折算为人民币

D.以人民币为记账本位币，具有广泛的适用性，便于会计信息口径一致

8.根据会计法律制度的规定，下列各项中属于会计账簿类型的有（　　）。

A.备查账簿　　B.日记账　　C.明细账　　D.总账

9.关于原始凭证，下列说法中，正确的有（　　）。

A.在经济业务事项发生时由经办人员直接取得

B.在经济业务事项发生时由经办人员填制

C.用以表明某项经济业务已经发生的情况

D.用以表明某项经济业务已经完成的情况

10.甲公司因连连亏损，单位负责人张某要求单位会计主管人员刘某把公司财务报表调整成盈利20万元，遭到刘某拒绝，单位负责人张某则将刘某调到车间从事生产工作，据此，下列表述正确的有（　　）。

A.张某有权利调动刘某工作岗位

B.单位负责人授意、指使、强令会计人员编制虚假财务会计报告是违法行为

C.对受打击报复的会计人员应当给予经济补偿

D.对受打击报复的会计人员应当恢复其名誉和原有职务、级别

六、判断题

1.甲公司生产产品后剩余的原材料边角料对外销售的金额不计入会计账簿，而另设小金库，用于职工日常福利，该行为符合法律规定。（　　）

2.各单位对外报送的财务会计报告，应当经单位负责人、总会计师、会计机构负责人、会计主管人员、会计人员、出纳签名并盖章。（　　）

3.资产负债表、利润表、现金流量表都属于会计报表。（　　）

4.业务收支以人民币以外的货币为主的单位，可以选定其中一种货币作为记账本位币，但是编报的财务会计报告应当折算为人民币。（　　）

5.业务员小王出差的住宿费为3 000元，却采用涂改手段将住宿发票上的金额由3 000元改为5 000元。小王的这种行为属于伪造会计凭证的行为。（　　）

6.企业可以自主选择以8月1日至第二年的7月31日为一个会计年度。（　　）

7.一个质量可靠的会计软件可以生成真实、完整的会计资料，因此对于实行会计电算化的单位生成的会计资料不再作特别要求。（　　）

8.会计机构、会计人员必须按照国家统一的会计制度的规定对原始凭证进行审核，对记载不准确、不完整的原始凭证有权不予受理，并向单位负责人报告。（　　）

9.在企业财务会计报告未正式对外披露前，接受企业财务会计报告的组织或个人应当对其内容保密。（　　）

10.编制会计报告的主要目的是向不同的报告使用者提供有用的会计信息。因此向不同的使用者提供的会计报告应不同，其编制依据也不同。（　　）

11.所有企业，应当至少每年一次向本企业的职工代表大会公布财务会计报告。（　　）

12.《会计法》规定，财务会计报告的提供单位必须接受注册会计师的审计。（　　）

13.记账凭证的保管期限和银行对账单的保管期限一致。（　　）

14.单位和个人检举会计违法行为，不属于社会监督会计工作的范畴。（　　）

15.单位负责人对依法履行职责、抵制违反《会计法》规定行为的会计人员进行打击报复的行为，同样属于违法行为。（　　）

第4章

珠算技术

教学目标

(1) 了解珠算的发展史和珠算传统文化;

(2) 能够熟练运用算盘进行加减乘除的运算。

思政目标

通过对珠算历史的学习，大力宣传我国珠算优秀传统文化，激发学生传承文化的意识；通过对珠算技能的学习，培养学生“甘愿寂寞、追求卓越”的工匠精神。

珠算是以算盘为工具、以数学理论为基础、运用手指拨珠进行运算的一门计算技术，是我国古代劳动人民重要的发明创造之一。其被誉为中国的第五大发明，至今已有近两千年的历史。长期以来，珠算对我国社会、经济、文化及科学的发展均发挥了重大作用，同时对世界上一些国家的经济、文化发展也有一定的影响和促进。

4.1 珠算的起源与发展

珠算是以算盘为工具，以数学理论为基础，运用手指拨珠进行运算的一门计算技术，它是我国古代劳动人民重要的发明创造之一，千百年来这一技术不断扩展，传播到世界各国，推进着人类文明的发展。

4.1.1 珠算的产生与发展

1.珠算的产生

珠算到底始于何代，由谁发明，至今仍无足够的证据加以证实。根据能够查到的史料记载，可以得出以下结论：

(1) 萌于商周。珠算是以珠做计数元件，用一定方式排列，用以表示数字，然后根据五升十进制原理进行计算的计算机技术。我国最迟在3 000多年前的商代就已经有了完备的10进制记数系统。目前发现的最早的用来计算的圆珠便是西周时期的陶丸。因此珠算的萌芽，可远溯至3 000多年前的商周时期。

(2) 始于秦汉。最早出现“珠算”一词的，是东汉徐岳所著的《数术记遗》。书中一共记载了我国汉代以前的十四种算法及算具，即积算、太一、两仪、三才、五行、八卦、九宫、运筹、了知、成数、把头、龟算、珠算、计算。其对“珠算”方法的记载原文为：“珠算，控带四时，经纬三才。”这种“珠算”被称为“游泳算板”，它与现在所使用的算盘有所不同，但其计算原理已是五升十进制，所以可视为现代算盘的前身。

(3) 成于唐宋。现今所使用的这种算盘是何时出现的呢？根据现有史料推断，最迟在宋代就已经出现了现在所使用的这种算盘。

2.珠算的发展

从15世纪开始，中国的珠算逐渐传入日本、朝鲜、越南、泰国等地，对这些国家数学的发展产生了重要的影响。之后又经欧洲的一些商业旅行家把它传播到了西方。现在，世界各国的学术界公认，珠算是中国发明的，中国是珠算的故乡。据史书记载，南宋时代已有珠算歌诀出现，珠算至今已有1 800多年的历史。

不仅如此，珠算凭借其独有的多种功能所带来的无穷魅力，赢得了越来越多的人的珍爱和青睐。即使是电子技术十分发达的美国、日本等高度现代化的国家，仍然十分重视珠算技术，有越来越多的人在学习使用算盘。美国、英国、法国等国家都把珠算列入小学课程，美国学者在认真考察了珠算的功能后，把它作为“新文化”引进美国，并于1978年建立了“珠算教育中心”。还专门派人到日本去学珠算，而日本应考珠算技术等级合格证的人每年都有增加。正如日本珠算教育联盟会长荒木勋所说：“在中国诞生又传播到亚洲各国而发展起来的珠算，通过日中两国专家的合作，正在走向世界范围的普及。”

国务院2008年6月7日印发的国发〔2008〕19号文将珠算列入第二批国家级非物质文化遗产名录。

4.1.2 珠算的价值

由于珠算所具有的优越的计算功能、教育功能和启智功能，在世界已进入电子计算机时代的今天，计算工具中的传统算盘仍然具有广泛的适用性，并在经济生活中发挥着越来越大的作用。

1.珠算的计算功能

珠算作为一项计算技术有着悠久的历史，是人们在生产和生活中的一项必备计算方式。作为珠算的工具——算盘，其是一种简单、方便、不需能源的计算工具。据统计，在经济领域的计算总量中，加减法的计算约占80%以上，用算盘进行加减法运算快捷、准确，其效率明显优于电子计算机（器）。

2.珠算的教育功能

多年的教学实验证明：珠算教学符合学习数学的心理特点，既形象又具体，珠动数出，脑、手、眼并动，易学易懂。珠算的学习过程具有严格程序，要求达到正确、迅速、高效、规范、准确，这对于培养人的优秀素质是十分有利的。

3.珠算的启智功能

现代科学研究表明，人的大脑潜力只有5%～15%被利用，其余绝大部分尚未开发。而珠算是眼、脑、手三者并动的一种循环往复的综合运动，这种运动对启发人的智力、促进思维发展具有特殊的作用。

4.2 珠算基础知识

4.2.1 算盘的结构

算盘是珠算的独特计算工具，随着经济的发展和科学技术的进步，算盘也在不断地改进和革新，从而使得算盘的结构简单、运算简捷、携带方便的优点更好地体现出来。

算盘呈长方形，由框、梁、档、珠四个基本部分构成，改进后的算盘又增加了计位点、清盘器和垫脚等装置（如图4-1所示）。

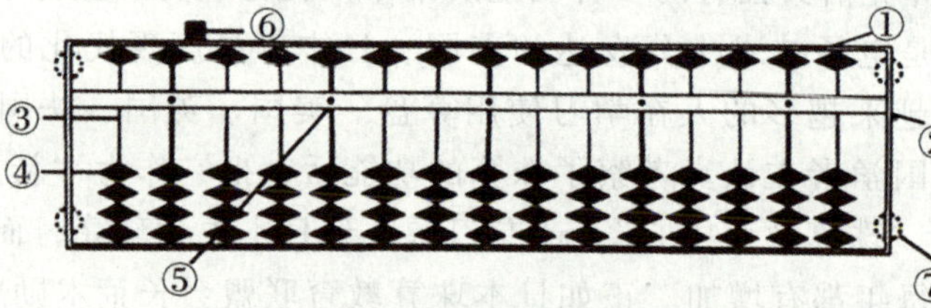

图4-1 算盘的结构

（1）框：其是算盘四周的框架，用以固定算盘的梁、档、珠各部分。

（2）梁：其是连接左右两边的一条横木，将盘面分为上下两部分，用靠梁的算珠表示数。

（3）档：其是连接上下边并穿过横梁的细柱，用以穿连算珠并表示数位。

（4）珠：其又称“算珠”，梁上部分叫上珠，一珠当五；梁下部分叫下珠，一珠当一。

（5）计位点：其是在梁上做出的计位标记，每隔三档一点，每点在两档之间或档上，主要作用是为计数与看数方便。

（6）清盘器：其是连接在横梁下面用以使算珠离开梁的装置。其操作按钮装在算盘上边的左端，主要用于提高清盘的速度与质量。

（7）垫脚：其装在算盘左右两边的底面，共四个，其作用是使算盘底面离开桌面，当推（拉）算盘下面的计算资料时，防止算珠被带动。

4.2.2 珠算的记数特点

（1）算盘是以靠梁的算珠表示数。每一颗上珠当五，每一颗下珠当一，以空档表示零，以档表示数位，高低位从左至右排列。

小提示4-1

空档：当某一档的上、下珠都离梁的时候，叫作空档。空档表示这一档没有记数，或者表示0。

（2）算盘的每一档表示一个数位。一般是以梁上任意一个有计位点的档作为个位档。从个位档向左依次是十位档、百位档……逐位扩大十倍；从个位档向右依次是十分位档、百分位档……逐位缩小十分之一，这种表示方法与数字书写顺序是一致的。

（3）置数前不能有任何算珠靠梁。置数时，应先定好位，从左至右（由高位到低位）将数字逐档拨珠靠梁。

小提示4-2

置数：也叫布数，按照计算的要求，把数字拨入算盘，为计算做好准备。

置数：906.85（如图4-2所示）。

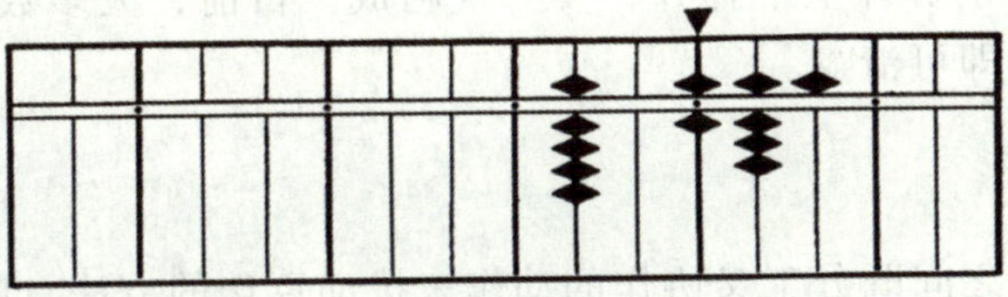

图4-2　置数

（4）珠算采用“五升十进”制。由于一颗上珠当五，当下珠满五时，就要用本档的一颗上珠代替，称为五升。当本档数满十时向前档进一，称为十进。

4.2.3　打算盘的姿势、握笔方法与清盘

1.打算盘的姿势

打算盘的姿势正确与否，不仅直接关系到珠算的速度和准确度，而且对操作者来说，还关系到身体的健康，因此应重视打算盘的姿势。

打算盘时，身要正，腰要直，脚放平，这样不会产生疲劳感，有利于身体健康；头稍低，计算资料放在算盘下边或算盘左边，尽量缩短算盘和计算资料之间的距离；看计算资料和算盘时不需转头颈，只要转动眼睛，眼睛往上转看算盘，眼睛往下转则看计算资料，这样看数和拨珠间隔的时间短，效果好。

2.握笔方法

打算盘要学会握笔拨珠，从而节约运算完毕拿起笔写数、写完数再放笔的时间。握笔的方法有以下几种：

（1）将笔横握于右手掌心，用无名指和小指夹住笔杆，笔杆上端伸出虎口，笔尖露出小指外（如图4-3所示）。

（2）将笔横握在右手拇指与无名指之间，无名指钩住笔杆，笔杆的上端伸出虎口，笔尖露于小指与无名指之间（如图4-4所示）。

（3）将笔横在右手拇指与食指间，笔杆上端伸出虎口，笔尖露在食指与中指之外（如图4–5所示）。

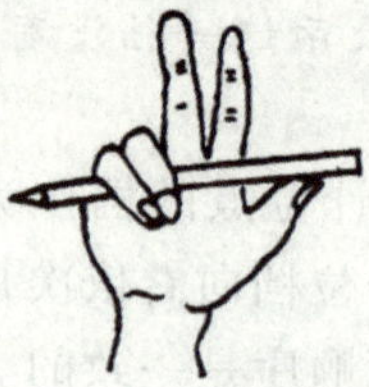
图4–3　握笔方法（1）

图4–4　握笔方法（2）

图4–5　握笔方法（3）

3.清盘

在每次运算之前，要使所有的算珠都离梁靠边，使盘面变为空盘，这个过程叫清盘。清盘的方法因使用的算盘不同而有所不同。没有清盘器的算盘，其清盘方法是，将拇指和食指合拢（拇指在梁下，食指在梁上），顺着算盘的横梁迅速移动，利用手指对靠近横梁两旁算珠的推弹力，使算珠离梁靠框。使用此法，用力要自然均匀，切勿有意识地使靠近横梁两旁的算珠上下弹开，要一气呵成。目前，大多数算盘均设有清盘器，运算前按一下清盘器即可清盘。

4.2.4　拨珠指法

利用手指与手指之间既分工又协作的动作来拨动算珠的方法，叫拨珠指法。

珠算是靠手指拨动算珠进行计算的，拨珠方法的准快直接影响到计算的速度与准确程度。拨珠时，指尖要准确地触到要拨的算珠边刃。拨珠不能用力过大，手指插入珠间的深度要恰到好处，以防带珠。拨珠方法有“三指拨珠法”和“两指拨珠法”。三指拨珠法是用拇指、食指、中指拨珠，将无名指和小指向掌心微曲不用。通常圆珠大算盘用三指拨珠法。两指拨珠法是用食指和拇指拨珠，将其他三个手指向掌心微曲不用。两指拨珠法通常适用于菱珠小算盘。两指拨珠法是目前珠算中广泛采用的拨珠法，下面加以详细介绍。

小提示4-3

带珠：拨珠时，把本档或邻档不应拨入或拨去的算珠带入或带出叫带珠。

1.单指独拨

为了使拨珠迅速而准确，拇指、食指应有一定的分工。拇指专拨下珠靠梁，食指专拨下珠离梁和上珠靠梁、离梁，这种方法称为单指独拨。

2.两指联拨

两指联拨的各指分工与单指独拨基本相同，但为使拨珠快速，还用拇指兼管部分下珠离梁。这种由拇指和食指同时完成拨珠动作的方法称为两指联拨。其具体指法如下：

（1）双合：用拇指、食指同时合拢上下珠靠梁。如在某一档上置6、7、8、9时可使用（如图4–6所示）。

（2）双分：用拇指、食指同时分开上下珠离梁。如在某一档上直接拨去6、7、8、

9时可使用（如图4-7所示）。

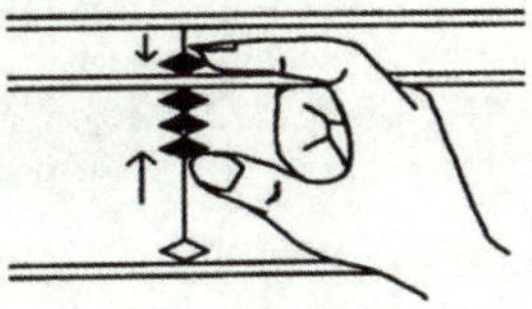

图4-6　双合

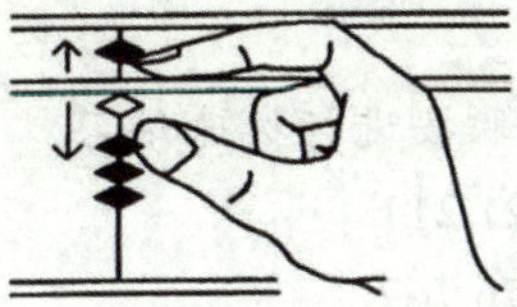

图4-7　双分

（3）双上：用拇指拨下珠靠梁的同时，用食指拨上珠离梁。如：拨5-2、7-4等时可使用（如图4-8所示）。

（4）双下：用食指拨上珠靠梁的同时，用拇指拨下珠离梁。如：拨4+1、3+3等时可使用（如图4-9所示）。

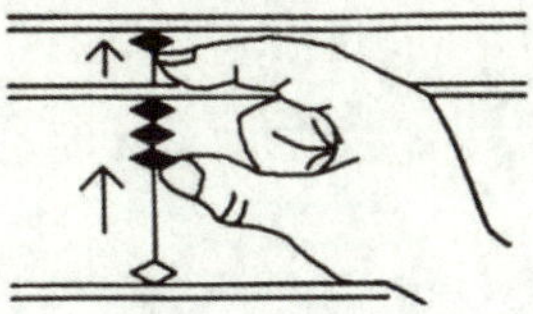

图4-8　双上

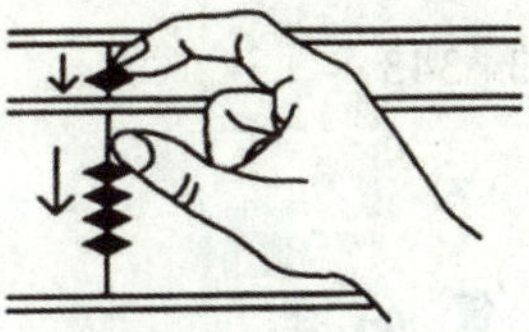

图4-9　双下

（5）扭进：用食指拨后一档下珠离梁的同时，用拇指拨前一档下珠靠梁。如：拨1+9、2+8等时可使用（如图4-10所示）。

（6）扭退：用食指拨前一档下珠离梁的同时，用拇指拨后一档下珠靠梁。如：拨10-9等时可使用（如图4-11所示）。

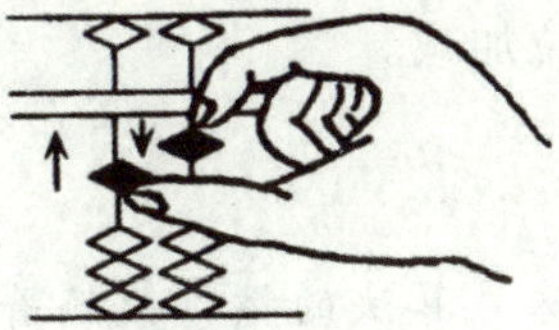

图4-10　扭进

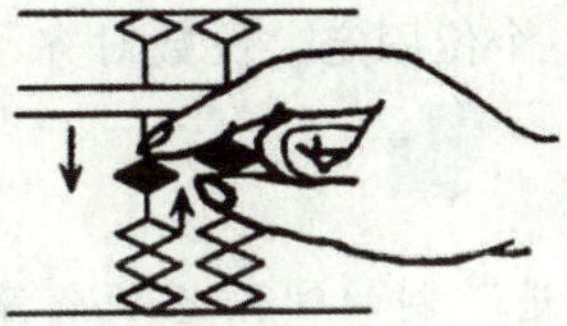

图4-11　扭退

（7）前后合：用拇指拨前档下珠靠梁的同时，用食指拨后档上珠靠梁。如：拨15、25等数时可使用（如图4-12所示）。

（8）前后上：用食指拨后档上珠离梁的同时，用拇指拨前档下珠靠梁。如：拨5+25等时可使用（如图4-13所示）。

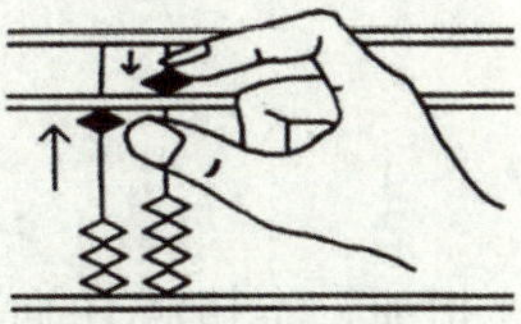

图4-12　前后合

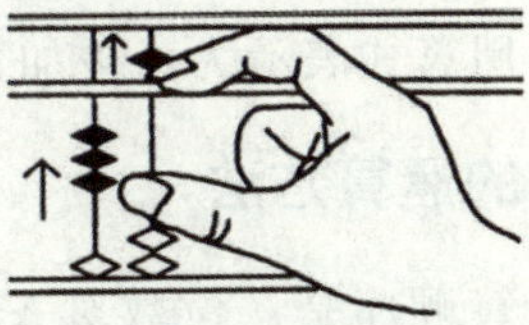

图4-13　前后上

（9）连冲：和部分清盘相同。把拇指、食指捏在一起，轻轻夹在梁间，由右至左，向前冲挤，使上下算珠同时离梁。如：拨992+8、9 997+3等时可使用。

技能训练4-1

运用两指联拨进行拨珠练习：

2 012 121 211 + 6 767 676 767	98 888 998 − 766 766 766
32 323 232 + 23 232 323	3 738 373 877 + 7 878 787 888
111 111 110 − 43 434 343	56 565 656 − 32 323 232

4.3　珠算加法

在日常计算工作中，珠算加减法的运用极为广泛。从数学原理来讲，加减法是乘除法的基础，加减法运算的熟练与否将直接影响乘除法运算的水平。因此，熟练地掌握加减法，对计算工作效率的提高起着非常重要的作用。

珠算加减法的运算顺序与笔算相反，从最高位算起，由左及右，由高位到低位。其运算规则为：个位固定，位数对齐，从左到右，同位加减。

小提示4-4

“五升十进”制的理论基础来源于中国文化，珠算算法的核心蕴涵着“五升十进”制。算盘分档穿珠，盘设横梁，数满五时不用五颗下珠表示，而改用一颗上珠表示，称“满五升一”；上、下珠数满十时，不用六颗珠表示，而向左进一位记数，称“满十进一”。这种“满五升一”“满十进一”的记数方法叫“五升十进”制。

把两个或几个数合并成一个数的运算方法叫作加法。算式中第一个数为“被加数”，其余的数为“加数”，合并成的数叫“和”。

加法运算用算式表示为：被加数+加数=和。

4.3.1　加法的运算方法

加法的运算顺序是：位数对齐，高位算起，同位相加，本档满10向前档进一。其具体做法如下：

（1）选定一个计位点作为个位档，个位档一经选定，在整个运算过程中应保持不变。

（2）将被加数从左至右按数的位次顺序拨在算盘上。

（3）将加数分别对准被加数的位次，从左至右逐位相加。

（4）在运算过程中，本档满10，则在前档拨一颗下珠靠梁为进位。

（5）最后算盘上靠梁的算珠就是求得的和。

4.3.2 加法口诀

珠算加法口诀是根据算盘位数、档位和“五升十进”制等特点，结合相加数字的内容，科学地概括、总结出来的。加法口诀见表4-1。

表4-1　　加法口诀

本位加法				进位加法			
直接加法		补五加法		直接进十加法		破五进十加法	
口诀	指法	口诀	指法	口诀	指法	口诀	指法
一上1	上推	一下5去4	双下	一去9进1	双分		
二上2	上推	二下5去3	双下	二去8进1	双分		
三上3	上推	三下5去2	双下	三去7进1	双分		
四上4	上推	四下5去1	双下	四去6进1	双分		
五上5	下拨			五去5进1	前后上		
六上6	双合			六去4进1	扭进	六上1去5进1	双上
七上7	双合			七去3进1	扭进	七上2去5进1	双上
八上8	双合			八去2进1	扭进	八上3去5进1	双上
九上9	双合			九去1进1	扭进	九上4去5进1	双上

表中口诀的第一个数字是要加的数，后面的“上”“去”“下”“进”等是拨珠动作。“上”是拨上珠或下珠靠梁；“去”是拨上珠或下珠离梁；“下5”是拨上珠靠梁；“进1”是在前档拨一颗下珠靠梁。

小提示4-5

对初学者来说，在进行珠算加法运算时，只要正确掌握加法口诀，就能很快地计算出所需要的数据。熟练后，可不用口诀直接运算。

1.本位加法

本位加法是指两数相加之和小于10，只运用本档的上珠或下珠就可以进行计算的方法。其具体分为“直接加法”和“补五加法”两种情况。

（1）直接加法。

直接加法是指两数相加时，在本档能够直接加上所要加的数。

例1：532+216=748（运算过程如图4-14所示）。

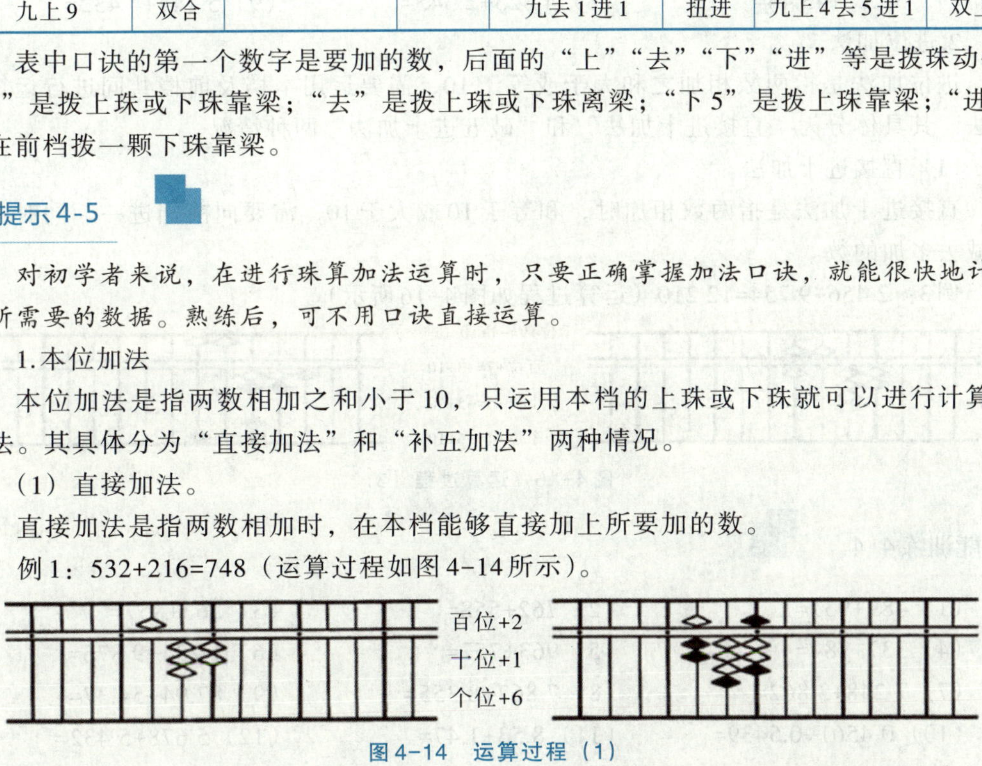

图4-14　运算过程（1）

技能训练 4-2

（1）765+223=　　（2）272+116=　　（3）628+351=

（4）541+252=　　（5）534+315=　　（6）6 367+2 522=

（7）2 413+6 566=　　（8）6 333+2 556=　　（9）7 123+1 775=

（2）补五加法。

补五加法是指两数相加时，被加数已占用一部分下珠，再加上5以内（不包括5）的数后，下珠不够用，需要拨上珠靠梁，同时把多加的数在下珠中减掉。

例 2：4 424+3 241=7 665（运算过程如图 4-15 所示）。

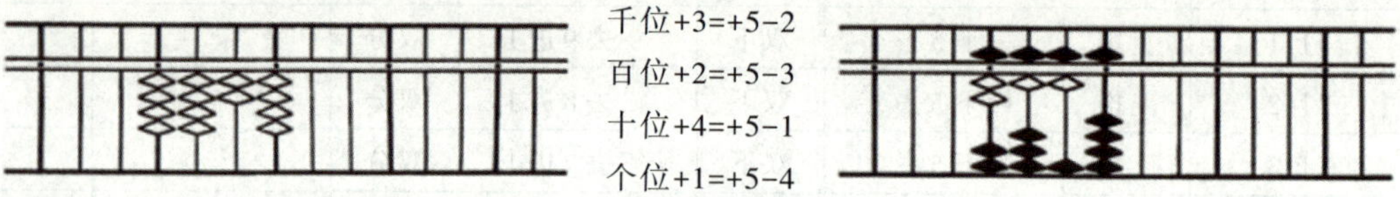

图 4-15　运算过程（2）

技能训练 4-3

（1）243+332=　　（2）422+234=　　（3）348+231=

（4）434+323=　　（5）324+243=　　（6）223.33+324.34=

（7）32.12+43.44=　　（8）4 323+2 345=　　（9）5 144+4 432=

2. 进位加法

进位加法是指两数相加之和大于或等于10，需要运用本档及前档共同进行运算的方法。其具体分为“直接进十加法”和“破五进十加法”两种情况。

（1）直接进十加法。

直接进十加法是指两数相加时，和等于10或大于10，需要向前档进一，同时在本档减去多加的数。

例 3：2 456+9 754=12 210（运算过程如图 4-16 所示）。

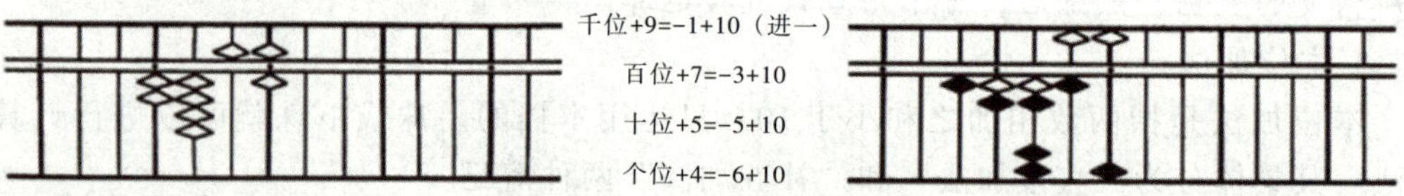

图 4-16　运算过程（3）

技能训练 4-4

（1）489+937=　　（2）762+558=　　（3）263+857=

（4）337+784=　　（5）963+757=　　（6）1 234+9 876=

（7）7 248+3 862=　　（8）7 867+8 355=　　（9）87.94+54.37=

（10）0.4561+0.5439=　　（11）8.53+1.47=　　（12）5 678+5 432=

（2）破五进十加法。

破五进十加法是指两数相加，本档上的被加数大于或等于5，同时加数也大于5，这样，必须将加数中的5和被加数的5合并为10，进到前一档，并将加数中超过5的数拨在本档上。

例4：6 765+6 789=13 554（运算过程如图4-17所示）。

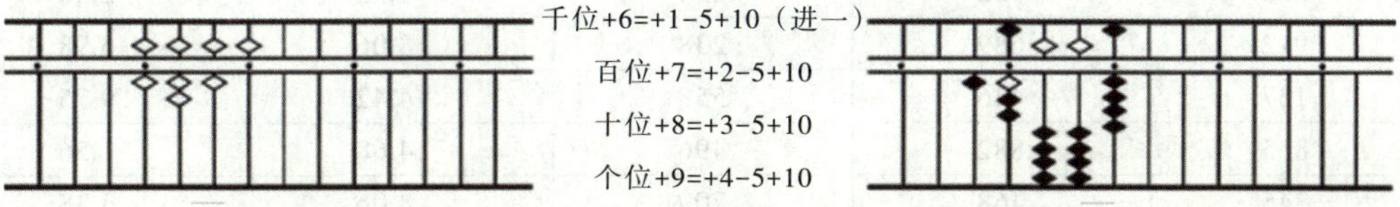

图4-17　运算过程（4）

技能训练4-5

（1）635+898=　　（2）875+678=　　（3）664+879=

（4）564+987=　　（5）553+769=　　（6）5 889+6 462=

（7）4 853+2 785=　　（8）5 989+2 567=　　（9）5 735+8 548=

（10）3.6467+0.6787=　　（11）45 678+65 776=　　（12）51 297+59 859=

技能训练4-6

315	579	428	1 034
608	406	109	967
5 791	924	1 446	423
904	3 015	324	381
1 284	146	3 215	4 296

技能训练4-7

（一）	（二）	（三）	（四）	（五）
57	35	253	4.67	3.96
45	69	862	6.81	6.07
85	24	597	3.09	1.36
26	31	508	2.46	8.13
78	46	103	7.91	5.08
14	27	426	2.16	3.58
36	85	185	4.28	4.33
95	35	387	8.57	8.69
78	29	608	7.03	7.31
64	47	485	5.66	2.78

续表

（六）	（七）	（八）	（九）	（十）
679	448	364	5.78	7.57
485	945	465	7.04	5.09
127	806	669	5.75	4.68
608	322	254	2.55	2.36
912	689	238	8.06	5.98
137	446	558	4.42	9.75
865	882	496	4.68	1.56
345	468	709	8.06	3.38
296	459	228	2.25	2.43
253	880	558	3.76	8.72
（十一）	（十二）	（十三）	（十四）	（十五）
36	604	604	3.74	7.96
508	169	34	6.09	9.04
472	491	906	1.42	1.45
689	583	375	3.78	3.75
1 912	97	136	4.21	2.85
137	589	735	6.35	8.96
865	327	957	4.07	4.35
2 345	801	51	8.14	7.42
96	49	252	3.37	1.66
741	386	690	6.05	8.53
（十六）	（十七）	（十八）	（十九）	（二十）
679	638	834	447	376
485	934	708	904	859
127	753	447	147	568
608	692	528	873	328
912	477	435	587	127
137	385	269	509	954
865	431	458	368	349
345	456	521	164	693
296	107	138	994	472
253	489	465	326	859

技能训练 4-8

（一）	（二）	（三）	（四）	（五）
8 503	9 079	992	324	369
485	441	1 436	175	5 675
627	195	984	9 003	2 117
1 608	2 899	6 218	1 859	409
312	1 962	112	3 037	334
137	776	5 327	666	3 546
3 865	204	421	358	883
385	3 225	677	2 245	2 075
296	676	3 086	487	416
573	328	332	905	904
2 478	403	894	112	6 118
2 207	4 951	4 549	893	431
456	202	705	6 116	596
941	548	2 213	463	118
5 901	1 291	654	3 064	4 664

（六）	（七）	（八）	（九）	（十）
5 136	6 804	679	374	506
718	946	485	1 685	185
372	106	127	904	2 067
609	4 901	1 608	3 038	951
4 342	314	912	812	372
137	804	137	327	106
1 865	286	865	879	413
345	1 093	3 345	245	1 945
296	703	296	3 296	356
2 441	331	347	408	689
724	509	498	718	402
1 901	4 109	2 270	219	572
314	253	456	406	6 756
567	169	901	2 075	293
937	2 413	5 101	295	4 134

续表

（十一）	（十二）	（十三）	（十四）	（十五）
1 136	2 095	334	536	227
508	143	426	1 489	638
472	856	3 865	115	894
2 689	643	663	109	3 669
912	1 465	1 446	4 683	322
137	5 552	297	596	1 789
3 865	124	906	880	357
345	335	5 078	2 267	704
7 296	809	227	483	2 589
741	3 473	884	689	127
509	902	142	3 075	687
681	491	608	994	521
427	436	2 057	315	478
591	4 004	682	306	4 033
233	608	337	3 278	2 951

（十六）	（十七）	（十八）	（十九）	（二十）
8 636	2 479	3 641	486	8 967
708	492	758	1 067	621
172	1 127	642	9 152	1 874
489	608	985	408	365
1 912	712	1 012	126	517
639	137	354	759	5 941
865	7 578	8 693	2 843	406
745	345	705	163	185
196	796	142	509	3 053
2 741	689	2 082	278	728
724	4 498	753	6 061	892
1 901	279	214	345	271
310	456	4 093	817	382
4 567	1 934	107	602	901
937	3 508	283	3 547	2 101

4.4 珠算减法

从一个数中去掉另一个数或另几个数的运算方法，叫减法。原来的数叫“被减数”，去掉的数叫“减数”，去掉后剩下的数叫“差”。

减法运算用算式表示为：被减数-减数=差。

4.4.1 减法的运算方法

减法的运算顺序是：位数对齐，高位算起，同位相减，本档不够减向前档借一。其具体做法如下：

（1）选定一个计位点作为个位档，个位档一经选定，在整个运算过程中应保持不变。

（2）将被减数从左至右按数的位次顺序拨在算盘上。

（3）将减数分别对准被减数的位次，从左至右逐位相减。

（4）在运算过程中，本档不够减，则前档拨一颗下珠离梁，以1当10。

（5）最后算盘上靠梁的算珠就是求得的差。

4.4.2 减法口诀

小提示4-6

珠算减法是珠算加法的逆运算，减法口诀、拨珠动作的方向与加法口诀、拨珠动作的方向完全相反。

减法口诀见表4-2。

表4-2 减法口诀

本位减法				退位减法			
直接减法		破五减法		直接退十减法		退十补五减法	
口诀	指法	口诀	指法	口诀	指法	口诀	指法
一去1	下拨	一上4去5	双上	一退1还9	双合		
二去2	下拨	二上3去5	双上	二退1还8	双合		
三去3	下拨	三上2去5	双上	三退1还7	双合		
四去4	下拨	四上1去5	双上	四退1还6	双合		
五去5	上挑			五退1还5	前后下		
六去6	双分			六退1还4	扭退	六退1还5去1	双下
七去7	双分			七退1还3	扭退	七退1还5去2	双下
八去8	双分			八退1还2	扭退	八退1还5去3	双下
九去9	双分			九退1还1	扭退	九退1还5去4	双下

表中口诀的第一个数字是要减去的数，后面的“去”“上”“退”“还”等是拨珠动作。“去”是拨上珠或下珠离梁；“上”是拨下珠靠梁；“退”是拨前档下珠离梁；“还”是拨上珠或下珠靠梁。

1.本位减法

本位减法是指两数相减时，只运用本档上的上珠或下珠就能直接进行运算的方法。其具体分为“直接减法”和“破五减法”两种情况。

（1）直接减法。

直接减法是指两数相减时，在本档上能够直接减去所要减的数。

例5：748-532=216（运算过程如图4-18所示）。

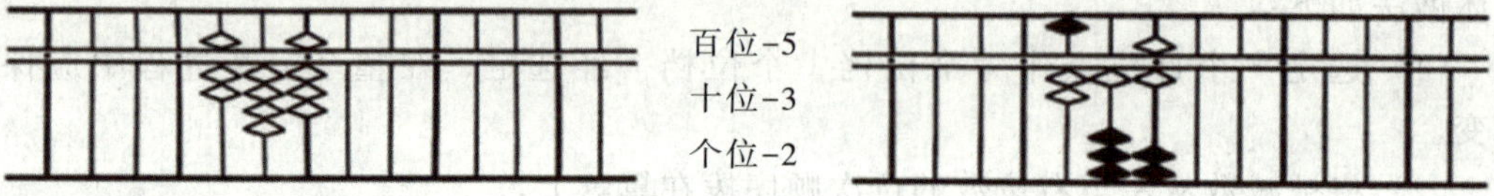

图4-18　运算过程（5）

技能训练4-9

（1）928-826=　　（2）789-626=　　（3）999-829=

（4）764-552=　　（5）687-533=　　（6）4 968-3 455=

（7）8 879-7 667=　　（8）6 849-5 635=　　（9）3 257-2 055=

（2）破五减法。

破五减法是指两数相减时，被减数已占用上珠，或者还占用一部分下珠，再减去5以内（不包括5）的数，而本档靠梁下珠不够减，需要拨上珠离梁，同时把多减的数在下珠中加上。

例6：7 665-3 241=4 424（运算过程如图4-19所示）。

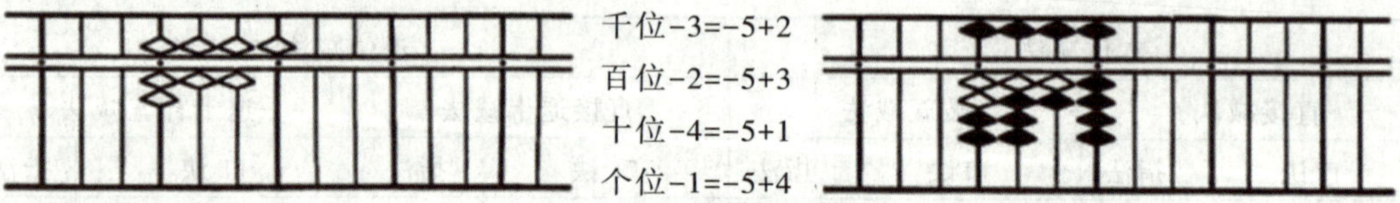

图4-19　运算过程（6）

技能训练4-10

（1）785-443=　　（2）656-342=　　（3）555-123=

（4）865-442=　　（5）567-423=　　（6）5 678-1 234=

（7）6 785-3 441=　　（8）7 856-4 432=　　（9）59.67-15.23=

2.退位减法

退位减法是指本档被减数小于减数，需要向前档借位，运用本档和前档共同运算的方法。其具体包括“直接退十减法”和“退十补五减法”两种情况。

（1）直接退十减法。

直接退十减法是指两数相减，本档被减数不够减时，需向前档借1当10来减，同时把剩余的数加在本档上。

例7：1 365−986=379（运算过程如图4-20所示）。

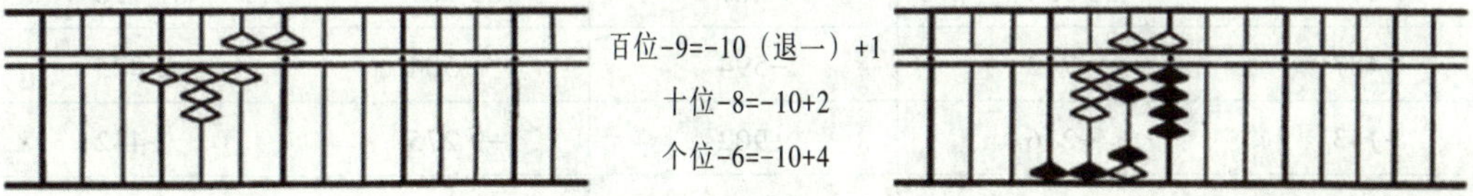

图4-20　运算过程（7）

技能训练4-11

（1）321−87=　　（2）768−79=　　（3）132−48=

（4）123−89=　　（5）171−91=　　（6）4 528−987=

（7）12 112−9 175=　　（8）22 559−5 682=　　（9）16 300−7 465=

（10）13 216−5 577=　　（11）17 107−8 568=　　（12）13 422−9 584=

（2）退十补五减法。

退十补五减法是指两数相减，本档不够减，向前档借1当10，相减后多减的数与本档被减数相加，满五或大于五，要拨下一颗上珠，同时要把多加的数从下珠中拨去。

例8：13 344−6 789=6 555（运算过程如图4-21所示）。

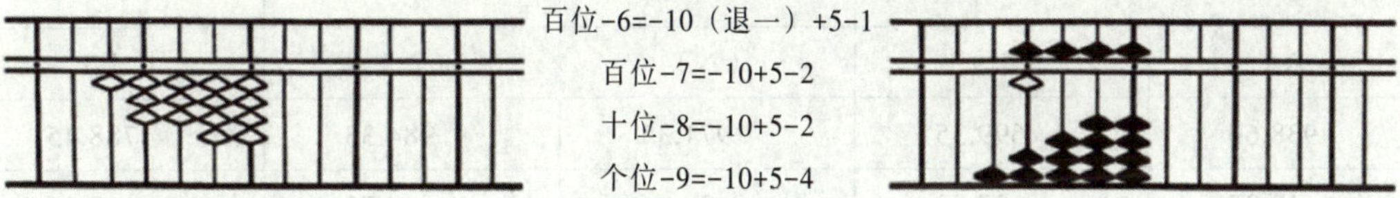

图4-21　运算过程（8）

技能训练4-12

（1）1 541−966=　　（2）1 441−896=　　（3）1 212−724=

（4）1 322−766=　　（5）1 433−898=　　（6）1 253−658=

（7）1 344−783=　　（8）1 244−369=　　（9）1 344−687=

（10）1 442−888=　　（11）1 434−783=　　（12）1 111−666=

技能训练4-13

4 326	9 426	3 349	5 426
−191	−334	−214	−478
−1 104	−908	−1 402	−927
−337	−1 084	−884	−2 069

技能训练 4-14

（一）	（二）	（三）	（四）	（五）
97 476	86 334	79 467	83 961	87 978
−487	−743	−594	−504	−2 875
−143	−216	−902	−9 275	−442
−387	−3 098	−1 384	−145	−907
−1 557	−506	−2 984	−369	−4 015
−903	−761	−889	−2 078	−8 453
−7 364	−1 899	−213	−412	−449
−398	−2 643	−903	−4 678	−506
−2 034	−564	−6 921	−683	−3 063
−234	−2 678	−673	−7 091	−321
−6 902	−773	−3 257	−304	−489

（六）	（七）	（八）	（九）	（十）
938.66	699.35	971.35	984.33	788.45
−13.05	−27.09	−28.06	−8.75	−9.16
−32.98	−9.56	−7.95	−56.24	−50.83
−6.32	−1.38	−4.71	−14.02	−7.39
−7.83	−10.97	−5.36	−2.91	−92.07
−5.77	−3.51	−30.89	−24.03	−6.41
−54.21	−4.52	−79.04	−8.95	−1.75
−6.43	−86.03	−1.53	−6.98	−20.58
−9.05	−2.18	−6.47	−60.35	−8.96
−11.75	−9.43	−70.24	−7.15	−44.62
−6.35	−12.07	−8.15	−2.68	−6.08

续表

(十一)	(十二)	(十三)	(十四)	(十五)
88 904	75 967	94 057	86 249	68 732
−534	−6 783	−578	−2 491	−908
−984	−416	−924	−9 107	−619
−1 482	−985	−3 196	−706	−1 075
−349	−1 306	−275	−634	−7 604
−412	−742	−563	−1 908	−432
−3 091	−5 673	−147	−336	−907
−605	−432	−7 835	−285	−6 899
−2 957	−396	−3 098	−743	−217
−551	−507	−841	−4 156	−4 433
−689	−224	−113	−609	−458
(十六)	(十七)	(十八)	(十九)	(二十)
994.65	754.09	927.36	681.35	959.46
−9.87	−1.67	−39.07	−9.86	−1.27
−3.02	−38.05	−8.16	−3.12	−60.94
−76.95	−4.29	−9.75	−67.85	−8.41
−31.87	−7.95	−25.06	−4.28	−9.73
−7.03	−20.18	−4.89	−9.61	−56.04
−4.89	−5.63	−71.05	−35.02	−2.84
−21.86	−7.35	−2.59	−3.79	−6.19
−5.76	−94.81	−8.36	−8.64	−13.08
−7.12	−87.04	−5.62	−71.08	−76.29
−64.79	−6.92	−41.09	−55.82	−3.01

技能训练4-15

(一)	(二)	(三)	(四)	(五)
45 136	53 679	99 456	96 823	95 728
-508	-485	-4 039	-605	-3 081
-472	-508	-175	-9 147	-164
-689	-1 608	-653	-426	-492
-4 912	-912	-7 903	-3 709	-385
-137	-7 137	-418	-851	-6 207
-1 865	-865	-937	-194	-531
-573	-3 345	-604	-7 028	-8 034
-7 296	-296	-8 562	-635	-972
-2 741	-253	-781	-587	-1 853
-724	-498	-1 695	-2 901	-548
-6 901	-2 279	-214	-834	-307
-648	-456	-3 668	-125	-823
-567	-901	-962	-9 683	-159
-106	-4 101	-385	-407	-7 406

(六)	(七)	(八)	(九)	(十)
973.53	946.72	878.15	862.65	999.76
-4.67	-6.05	-17.66	-1.64	-8.95
-4.71	-13.89	-6.83	-8.79	-10.74
-8.12	-2.56	-3.96	-41.53	-6.28
-29.85	-4.71	-4.15	-2.96	-5.71
-1.64	-89.09	-20.87	-7.48	-40.49
-9.73	-5.23	-68.03	-93.01	-9.62
-80.27	-1.04	-7.51	-1.57	-4.87
-5.41	-96.17	-9.24	-6.42	-15.03
-9.36	-3.45	-5.36	-50.14	-3.94
-67.24	-5.17	-21.79	-8.26	-7.25
-5.18	-89.06	-4.98	-7.93	-81.06
-3.47	-1.72	-8.04	-5.87	-2.63
-8.92	-9.86	-6.51	-23.06	-5.89
-70.56	-4.35	-7.94	-9.64	-10.47

续表

（十一）	（十二）	（十三）	（十四）	（十五）
39 136	82 722	79 301	59 679	66 432
−976	−103	−245	−685	−4 007
−472	−456	−768	−317	−632
−489	−816	−9 713	−3 508	−974
−5 912	−934	−842	−412	−6 712
−737	−258	−105	−807	−331
−805	−1 073	−6 294	−2 865	−609
−4 245	−491	−318	−345	−532
−676	−602	−274	−596	−7 112
−2 701	−7 487	−4 801	−795	−694
−427	−129	−3 267	−475	−361
−951	−384	−957	−2 243	−883
−469	−4 312	−109	−456	−3 099
−1 547	−765	−643	−574	−274
−247	−3 098	−821	−4 191	−742

（十六）	（十七）	（十八）	（十九）	（二十）
698.74	845.96	723.41	894.65	759.88
−35.06	−7.28	−41.08	−1.97	−2.36
−1.94	−5.31	−9.27	−4.23	−70.15
−8.27	−49.02	−3.69	−78.46	−9.53
−50.91	−8.16	−7.48	−5.39	−1.86
−6.43	−5.73	−50.21	−1.72	−67.03
−9.15	−30.29	−1.84	−23.04	−3.96
−46.02	−6.14	−92.05	−46.72	−7.75
−3.58	−18.05	−3.75	−4.81	−6.09
−1.09	−3.14	−8.64	−9.75	−80.46
−86.25	−9.35	−51.92	−20.47	−1.58
−4.73	−6.78	−4.73	−5.92	−24.97
−2.65	−15.96	−6.87	−1.36	−5.96
−34.32	−8.42	−98.64	−82.05	−82.31
−2.71	−7.03	−1.37	−9.47	−5.87

4.5 空盘前乘法

空盘前乘法也称空盘头乘法、不置数前乘法，是前乘法中的一种。空盘前乘法是指在进行乘法运算时，被乘数和乘数均不拨在算盘上，使各档空置为零，有空盘的特点；两因数相乘时，均从被乘数、乘数首位起乘，也有前乘的特点，故称为空盘前乘法。由于该法直接将乘积拨入算盘，拨珠次数减少，提高了运算速度，因此它是目前广泛应用的一种方法。

4.5.1 数的位数

数的位数是根据数的最高位数字来确定的。所谓最高位数字，就是一个数中首先不是0的那一位数字。例如782、7.82、0.782和0.00782等，它们的最高位数字都是7。

根据最高位数字的位置不同来确定数的位数，有下列三种情况：

（1）正位数

当最高位数字在小数点左边，就存在正位数，即小数点前有整数，或只有整数没有小数的数都是正位数。整数部分有几位就是正几位数。例如5或5.64都是（+1）位，36或37.04都是（+2）位。

（2）负位数

当最高位数字在小数点右边，即小数点前没有整数，紧靠小数点后有0的数，是负位数。最高位数字与小数点之间有几个0，就是负几位。例如0.036与0.0306都是（–1）位，0.0046与0.00406都是（–2）位。

（3）零位数

当最高位数字在小数点右边，且最高位数字与小数点之间没有0，就是零位数。例如0.5、0.45和0.507都是零位数。

技能训练4-16

指出下列各数的位数：

123　　2009　　0.123　　0.00908　　56.709　　101.89　　0.070903

4.5.2 乘法口诀

珠算乘法是在加法的基础上，根据乘法大九九口诀进行运算的。大九九口诀见表4-3。

表4-3 大九九口诀

乘数是1的	一一01	一二02	一三03	一四04	一五05	一六06	一七07	一八08	一九09
乘数是2的	二一02	二二04	二三06	二四08	二五10	二六12	二七14	二八16	二九18
乘数是3的	三一03	三二06	三三09	三四12	三五15	三六18	三七21	三八24	三九27
乘数是4的	四一04	四二08	四三12	四四16	四五20	四六24	四七28	四八32	四九36
乘数是5的	五一05	五二10	五三15	五四20	五五25	五六30	五七35	五八40	五九45
乘数是6的	六一06	六二12	六三18	六四24	六五30	六六36	六七42	六八48	六九54
乘数是7的	七一07	七二14	七三21	七四28	七五35	七六42	七七49	七八56	七九63
乘数是8的	八一08	八二16	八三24	八四32	八五40	八六48	八七56	八八64	八九72
乘数是9的	九一09	九二18	九三27	九四36	九五45	九六54	九七63	九八72	九九81

口诀中每句第一个数字指乘数，第二个数字指被乘数，第三、第四个数字指乘积。大九九口诀是乘法的一套完整口诀，运算中不用颠倒乘数和被乘数的顺序，故不易错档，计算效率高。因此，在乘法运算中常采用此口诀。

小提示4-7

乘法口诀并不表示拨珠动作，运算时必须和加法结合进行运算。

在乘法运算中，被乘数和乘数不仅可以互换，而且不论是整数还是小数，一律当作整数来运算，整数末尾有零的当作无零来看待。例如63、630、6.3和0.63，虽然位数不同，但计算时都当作63来计算，在运算后或运算前确定小数点的位置。

4.5.3 运算步骤

空盘前乘法的运算步骤是根据计算资料，默记乘数，眼看被乘数各位，从左到右，依次相乘，将乘积退位叠加而成。其具体步骤为：

（1）定位。

（2）计算头档积的位置：被乘数位数+乘数位数。

小提示4-8

头档积是指积的最高位数字。

（3）乘积顺序：先用乘数的首位数字去乘被乘数的首位数字、次位数字、第三位数字……直至末位数字，边乘边将乘积退位叠加在盘中；再按照同样的顺序、加积方法用乘数的次高位数字与被乘数的各位数字相乘，乘完为止，算盘上的数即为结果。

（4）乘积的拨法：乘数的首位数字与被乘数首位数字相乘后的十位档落在头档积的位置，个位在十位右一档；乘数的第二位数字与被乘数的首位数字相乘后的十位档落在头档积的右一档上，个位在十位右一档；以此类推。

例9：24×75=1 800。

（1）定位。在盘中选择任一计位点作为个位（如图4-22所示）。

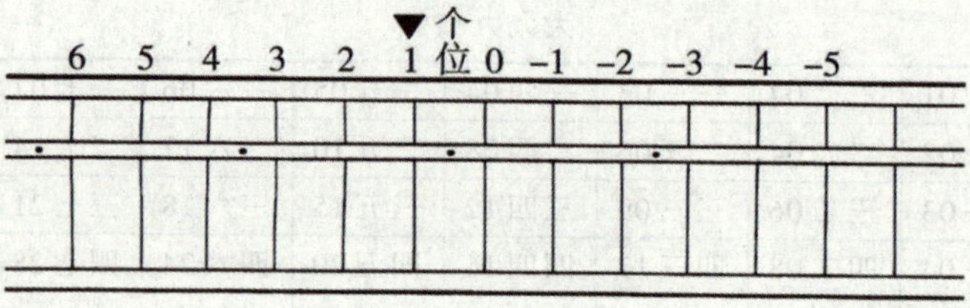

图4-22 定位

（2）计算头档积的位置：被乘数位数+乘数位数。

（+2位）+（+2位）=（+4位）

（3）眼看被乘数24，默记乘数75。用乘数首位7去乘被乘数24，口诀“七二14”“七四28”，从算盘左起第一档起错位加上乘积14和28，得积数168（如图4-23所示）。

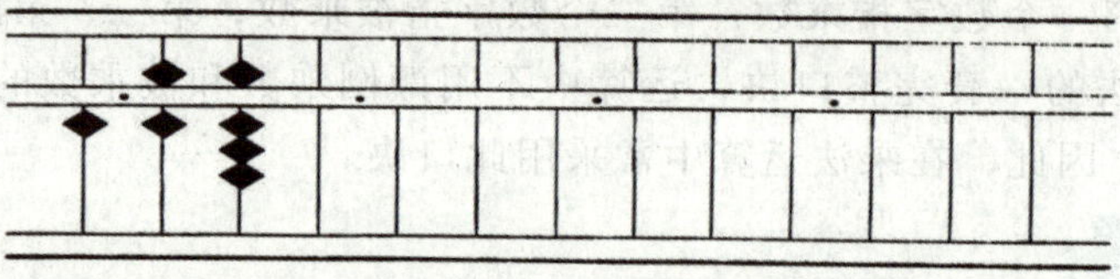

图4-23 运算过程（9）

（4）再用乘数末位5去乘被乘数24，口诀“五二10”“五四20”，从算盘左起第二档起错位加上乘积10和20，得积数1 800（如图4-24所示）。

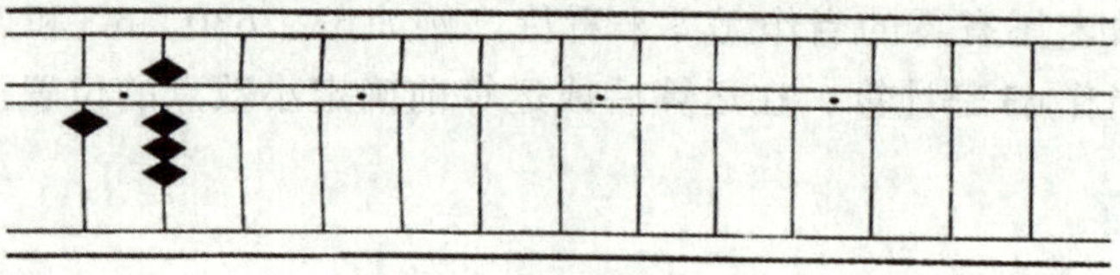

图4-24 运算过程（10）

（5）得积数1 800。

技能训练4-17

一位数乘法及定位练习：

（1）12.56×30=
（2）426.9×40=
（3）0.467×600=
（4）0.0093×70=
（5）9 467×0.03=
（6）6 135.03×0.4=
（7）2.8252×0.5=
（8）8×79.563=
（9）0.6247×0.6=
（10）9.46783×800=

技能训练4-18

多位数乘法练习（精确到0.01）：

（1）34×45=
（2）53×61=
（3）304×98=
（46）407×37=
（47）56×209=
（48）61×27=

（4）37×69=
（5）21×16=
（6）42×23=
（7）67×82=
（8）301×57=
（9）74×91=
（10）82×66=
（11）76×11=
（12）55×66=
（13）34×109=
（14）0.804×462=
（15）0.705×0.432=
（16）0.456×7.14=
（17）901×4.08=
（18）705×306=
（19）451×26=
（20）797×46=
（21）0.463×3.06=
（22）1 038×47=
（23）826×147=
（24）0.392×246=
（25）56×3 057=
（26）2 153×327=
（27）4.0936×6.14=
（28）728×502=
（29）567×748=
（30）0.4801×3.15=
（31）326×286=
（32）5.13×0.3609=
（33）746×51 024=
（34）4.05×7.38=
（35）892×5 419=
（36）9 035×26=
（37）715×854=
（38）0.2801×137=
（39）43×2 046=
（40）5 906×49=
（49）782×92=
（50）345×12=
（51）44×67=
（52）23×81=
（53）55×44=
（54）93×86=
（55）702×27=
（56）654×78=
（57）43×86=
（58）79×34=
（59）0.896×0.93=
（60）74×846=
（61）456×789=
（62）0.6074×0.46=
（63）0.0368×0.94=
（64）0.357×4.95=
（65）783×14=
（66）0.575×4.78=
（67）2 046×397=
（68）937×52=
（69）0.5104×385=
（70）7 251×72=
（71）0.9604×825=
（72）328×673=
（73）8 615×0.5106=
（74）31×24 018=
（75）204×493=
（76）561×204=
（77）279×173=
（78）0.3089×4.18=
（79）2.68×0.5036=
（80）514×79 205=
（81）9 504×78=
（82）814×36=
（83）0.6023×492=
（84）95×5 042=
（85）8 362×74=

（41）27×5 086=

（42）1 065×65=

（43）2 859×712=

（44）37×2 049=

（45）6.5×0.8016=

（86）75×4 027=

（87）4 086×37=

（88）5 273×235=

（89）941×6 508=

（90）8.4×0.2094=

4.6 商除法

商除法是目前普遍采用的一种算法。其计算原理和方法与笔算基本一致，都是用大九九口诀进行求商，按置商档次不同，分为隔位商除法和不隔位商除法，其中隔位商除法是珠算除法中使用较为普遍的一种。其运算程序如下：

（1）确定除算顺序。

选择盘中任意一个计位点（中间适宜档位即可）拨入被除数，被除数和除数的各自首位或头两位数字相比，够除的隔位置商，不够除的挨位置商。

（2）遵循减积规律。

估商后，从被除数中减去商与除数的乘积，商与除数第一位数字乘积的十位数字，从商的右面第一档减去，个位数字从商的右面第二档减去，商与除数第二位数字乘积的十位数字从商的右面第二档减去，个位数字从商的右面第三档减去，依此类推，直到末位，即“前次减积的个位档，就是下次减积的十位档”，在拨珠的过程中指不离档，叠位相减，如有余数，要按以上规律进行续除。

小提示 4-9

在除法中，求得每一个商数，需用心算估出被除数是除数的几倍，这种心算过程叫作估商。

（3）定位。

当被除数小于相同位数的除数时（即不够除），商的位数等于被除数位数-除数位数。当被除数大于或等于相同位数的除数时（即够除），商的位数等于被除数位数-除数位数+1。

例 10：94 248÷68=1 386

①选择盘中任意一个计位点置入被除数（如图 4-25 所示）。

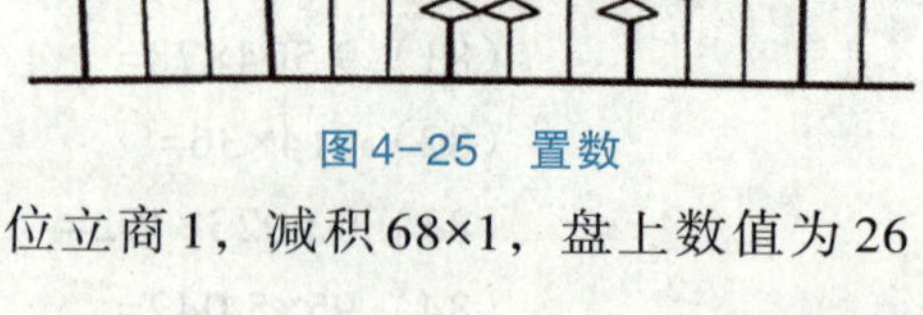

图 4-25 置数

②第一轮 94÷68，隔位立商 1，减积 68×1，盘上数值为 26 248（如图 4-26 和图 4-27 所示）。

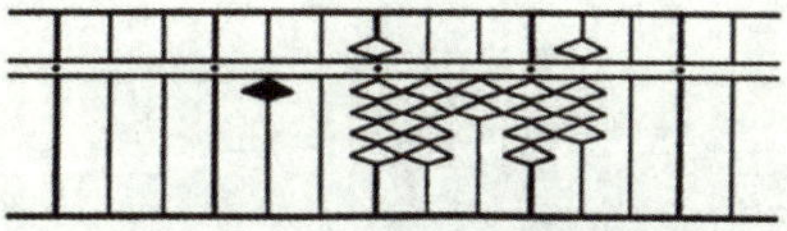

图4-26　运算过程（11）

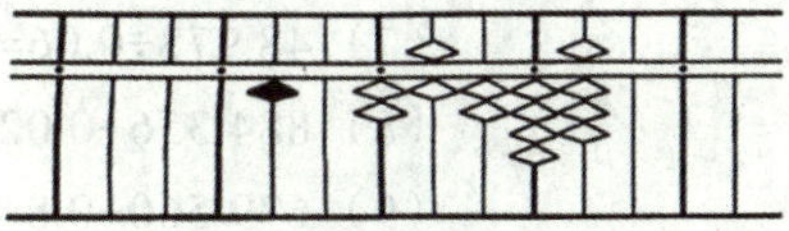

图4-27　运算过程（12）

③第二轮26÷68，挨位立商3，减积68×3，盘上数值为5 848（如图4-28所示）。

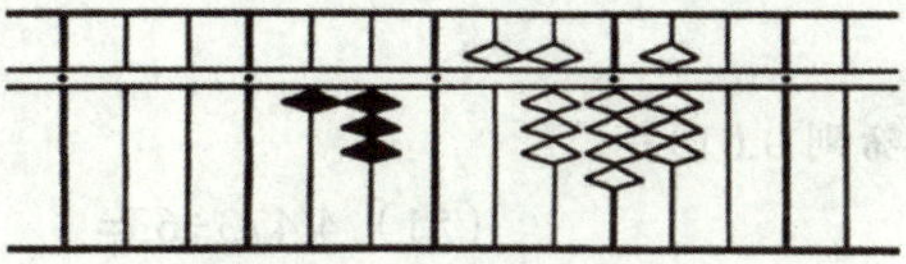

图4-28　运算过程（13）

④第三轮58÷68，挨位立商8，减积68×8，盘上数值为408（如图4-29所示）。

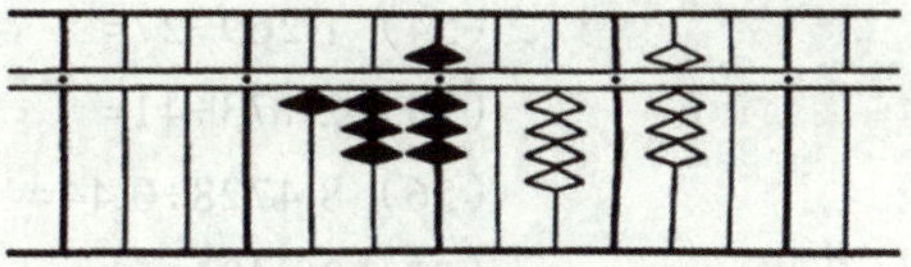

图4-29　运算过程（14）

⑤第四轮40÷68，挨位立商6，减积68×6（如图4-30所示）。

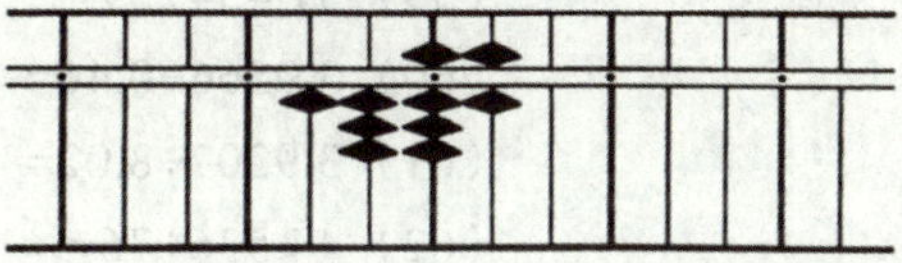

图4-30　运算过程（15）

⑥经定位，5-2+1=4位。商为1 386。

（4）补商。

补商是在口诀估商后，将估商数与除数相乘后的乘积从被除数中减去，而发现余数大于除数时，需要进行二次立商的方法。用商除法估商比较困难，特别是在多位除法中，只有在乘数结束时才能确定估商偏小还是偏大。在这种情况下，凡遇到商数偏小时，就要“隔档进商一”，隔位减除数倍数，把估商偏小的一倍补上。

（5）退商。

退商是在将乘积从被除数中减去时，发现余数不够减而需要从商数中退商的方法，即从初商中减去1，并在余数中加上已被减过的那一部分除数，然后将乘积从被除数中减去。

通过计算不难看出，商除法的难点是心算估商。心算估商时，最好看准。如果看不准则宁小勿大。

技能训练 4-19

一位数除法及定位练习：

(1) 103 084÷2=
(2) 884 496÷0.02=
(3) 216 480÷3=
(4) 253 716÷3 000=
(5) 147 416÷4=
(6) 155 076÷0.3=
(7) 48 978÷0.06=
(8) 884 356÷0.02=
(9) 679 560÷0.8=
(10) 35 953.2÷900=

技能训练 4-20

多位数除法练习（精确到0.01）：

(1) 1 334÷46=
(2) 3 264÷51=
(3) 5 612÷92=
(4) 8 004÷87=
(5) 2 573÷83=
(6) 113.24÷51.2=
(7) 5 355÷63=
(8) 16 912÷604=
(9) 7 254÷93=
(10) 39 886÷98=
(11) 0.0572÷0.349=
(12) 9 222÷106=
(13) 57 058÷607=
(14) 218 218÷763=
(15) 382 487÷541=
(16) 4 611÷53=
(17) 2 214÷41=
(18) 3 075÷41=
(19) 1 428÷28=
(20) 3 290÷35=
(21) 2 001÷29=
(22) 5 124÷84=
(23) 4 320÷45=
(24) 1 806÷86=
(25) 1 554÷37=
(51) 4 473÷63=
(52) 1 045÷19=
(53) 1 250÷25=
(54) 1 269÷27=
(55) 2 173÷41=
(56) 8.4728÷0.44=
(57) 38 491÷61=
(58) 51 948÷74=
(59) 31 434÷39=
(60) 3.9566÷0.46=
(61) 3.9207÷8.02=
(62) 44 536÷76=
(63) 0.0805÷0.629=
(64) 28 538÷38=
(65) 8 239÷107=
(66) 1 178÷38=
(67) 1 225÷49=
(68) 1 067÷97=
(69) 6 016÷94=
(70) 567÷27=
(71) 1 150÷25=
(72) 3 162÷51=
(73) 1 680÷24=
(74) 2 573÷31=
(75) 1 197÷63=

(26) 896.84÷61=
(27) 3.762÷57=
(28) 36 068÷508=
(29) 7 728÷92=
(30) 2 666÷43=
(31) 7.9567÷0.89=
(32) 59 904÷78=
(33) 27.477÷43=
(34) 1 274÷14=
(35) 15 371÷809=
(36) 4 335÷85=
(37) 44 856÷504=
(38) 1 305÷15=
(39) 8 342÷86=
(40) 4.6176÷0.49=
(41) 42.363÷81=
(42) 41 952÷608=
(43) 1 566÷29=
(44) 896.45÷94=
(45) 4 656÷48=
(46) 0.0572÷0.349=
(47) 9 222÷106=
(48) 57 058÷607=
(49) 6.7466÷2.64=
(50) 0.47325÷0.617=
(76) 7.5188÷0.43=
(77) 36.911÷71=
(78) 332.067÷509=
(79) 1 479÷51=
(80) 31 317÷803=
(81) 2 088÷36=
(82) 489.74÷37=
(83) 57 728÷902=
(84) 3 174÷69=
(85) 629÷17=
(86) 58 692÷804=
(87) 3.5861÷0.67=
(88) 2 375÷25=
(89) 5 986÷73=
(90) 389.46÷92=
(91) 4 012÷59=
(92) 12 144÷506=
(93) 4 950÷66=
(94) 35 441÷61=
(95) 15 059÷407=
(96) 3.9207÷8.02=
(97) 44 536÷76=
(98) 0.0805÷0.629=
(99) 19 062÷706=
(100) 323 868÷394=

知识扩展

中国珠算协会简介

中国珠算协会成立于1979年10月31日，是从事珠算心算教育推广与理论研究的学术性社会团体，经中华人民共和国民政部登记为国家一级协会。其于2005年8月8日选举出由113人组成的第六届理事会和53名常务理事。

协会宗旨：本会以马列主义、毛泽东思想、邓小平理论和“三个代表”重要思想为指导，遵守中华人民共和国宪法、法律、法规和国家政策规定；坚持以经济建设为中心，坚持改革开放；遵守社会道德风尚；贯彻理论联系实际和百花齐放、百家争鸣的方针；团结广大珠算心算工作者，弘扬珠算文化，发挥珠算心算的计算、教育和启智功能，坚持以珠算心算教育为重点，促进珠算心算事业发展，为全面建成小康社会服务。

组织机构：本会业务主管部门为中华人民共和国财政部。各省、自治区、直辖市、计划单列市及各系统（行业）的珠算协会为本会团体会员，业务上接受本会指导。全国绝大多数地级市和大部分县级市以及少数乡镇都建立了珠算协会。珠算组织遍布全国各地，为发展珠算事业打下了坚实的组织基础。本会分别设立珠算史、学术研究、珠算心算教育、三算（笔算、珠算、心算）教学、鉴定比赛和师资培训等5个专业委员会，分别承担有关理论研究与学术交流活动的组织推动工作。

业务范围：①组织珠算心算理论研究，探索珠算心算的教育和开发儿童智力潜能的作用，开展学术交流。②参与组织指导珠算心算教练师职业技能鉴定工作，开展职业考评技术方法的研究与实验，研究制定培训教练师资和考评员资质条件，指导师资培训和考评员培训，提供职业技能鉴定考评技术指导、咨询、支持与服务，开展相关理论研究和交流、宣传等活动。③规范发展珠算心算教育。④开展珠算心算等级鉴定，组织珠算、珠心算比赛。⑤组织评选珠算心算教学和科研优秀成果。⑥编辑出版珠算心算书籍、报刊、资料、软件和音像制品，提供珠算心算教学咨询服务和算具、题册等。⑦统一印制发行珠算、珠心算等级和段位证书以及鉴定员、裁判员证书等。⑧开展民间交往，发展友好合作。

主办刊物：《珠算》杂志（双月刊），于1980年1月创刊，截至2005年出版148期，总发行量240万余册，国内外发行，信息通达，内容丰富，成为广大珠算心算工作者、研究者和爱好者的良师益友。自2006年1月起，改为《新理财·珠算心算学刊》杂志（双月刊），扩大内容，彩色印刷。

——摘自“世界珠心算网”

全国珠算技术等级鉴定标准

加减算

<table>
<tr><td colspan="2" rowspan="2">等级
项目</td><td colspan="6">普通级</td><td colspan="2" rowspan="2">能手级</td></tr>
<tr><td>一级</td><td>二级</td><td>三级</td><td>四级</td><td>五级</td><td>六级</td></tr>
<tr><td colspan="2">题　数</td><td>10</td><td>10</td><td>10</td><td>10</td><td>10</td><td>10</td><td colspan="2">20</td></tr>
<tr><td colspan="2">其中：连加法</td><td>6</td><td>6</td><td>6</td><td>6</td><td>6</td><td>6</td><td colspan="2">12</td></tr>
<tr><td colspan="2">加减混合</td><td>4</td><td>4</td><td>4</td><td>4</td><td>4</td><td>4</td><td colspan="2">8</td></tr>
<tr><td colspan="2">每题带减号笔数</td><td>5</td><td>5</td><td>5</td><td>5</td><td>5</td><td>5</td><td>7/20</td><td>5/15</td></tr>
<tr><td colspan="2">带角分题数</td><td>5</td><td>5</td><td>5</td><td></td><td></td><td></td><td></td><td>10</td></tr>
<tr><td colspan="2">整数题</td><td>5</td><td>5</td><td>5</td><td>10</td><td>10</td><td>9</td><td></td><td>10</td></tr>
<tr><td colspan="2">每题行数</td><td>15</td><td>15</td><td>15</td><td>15</td><td>15</td><td>14</td><td>20</td><td>15</td></tr>
<tr><td rowspan="9">题型</td><td>其中：10位数</td><td></td><td></td><td></td><td></td><td></td><td></td><td></td><td>3</td></tr>
<tr><td>9位数</td><td></td><td></td><td></td><td></td><td></td><td></td><td></td><td>3</td></tr>
<tr><td>8位数</td><td>3</td><td></td><td></td><td></td><td></td><td></td><td>4</td><td>3</td></tr>
<tr><td>7位数</td><td>3</td><td>2</td><td></td><td></td><td></td><td></td><td>4</td><td>3</td></tr>
<tr><td>6位数</td><td>3</td><td>5</td><td>4</td><td>2</td><td></td><td></td><td>4</td><td>3</td></tr>
<tr><td>5位数</td><td>3</td><td>4</td><td>5</td><td>2</td><td></td><td></td><td>4</td><td></td></tr>
<tr><td>4位数</td><td>3</td><td>4</td><td>3</td><td>5</td><td>5</td><td>4</td><td>4</td><td></td></tr>
<tr><td>3位数</td><td></td><td></td><td>3</td><td>6</td><td>10</td><td>4</td><td></td><td></td></tr>
<tr><td>2位数</td><td></td><td></td><td></td><td></td><td></td><td>6</td><td></td><td></td></tr>
<tr><td colspan="2">要求合格题数</td><td>9</td><td>9</td><td>8</td><td>8</td><td>8</td><td>8</td><td colspan="2"></td></tr>
</table>

乘　算

项目＼等级		普通级						能手级
		一级	二级	三级	四级	五级	六级	
题　数		10	10	10	10	10	10	20
其中：整数题		5	6	7	8	8	10	12
带小数题		5	4	3	2	2		8
四舍题		2	2	2	1	1		4
五入题		3	2	1	1	1		4
题型	实6位×法5位							2
	5×6							2
	6×4							2
	4×6							2
	5×5							2
	5×4	2						3
	4×5	2						3
	4×4	6	4					4
	5×3		1	1				
	3×5		1	1				
	4×3		2	2	1			
	3×4		2	2	1			
	3×3			4	2	2		
	4×2				3	1		
	2×4				3	1		
	3×2					3	3	
	2×3					3	3	
	2×2						4	
要求合格题数		9	9	8	8	8	8	

除　算

项目＼等级		普通级						能手级
		一级	二级	三级	四级	五级	六级	
题　数		10	10	10	10	10	10	20
其中：除尽题		6	6	7	8	8	10	12
除不尽题		4	4	3	2	2		8
四舍题		2	2	2	1	1		4
五入题		2	2	1	1	1		4
题型	÷6位=4位							3
	÷4位=6位							3
	÷5位=5位							2
	÷5位=4位							4
	÷4位=5位							4
	÷4位=4位							4
	÷3位=5位	2	1					
	÷5位=3位	2	1					
	÷3位=4位	3	2	1				
	÷4位=3位	3	2	1				
	÷3位=3位		4	8	4			
	÷2位=3位				3	3		
	÷3位=2位				3	3		
	÷2位=2位					4	10	
要求合格题数		9	9	8	8	8	8	

注：

1. 普通级试卷，加减算、乘算、除算各10题；能手级试卷，加减算、乘算、除算各20题，每张试卷限时20分钟。

2. 能手级加减算共20题，其中：10题为15行，10题为20行。15行的加减混合题有5笔减数，20行的加减混合题有7笔减数。

3. 能手级要求合格题数：加减算、乘算和除算各打对18题，为能手一级；各打对16题，为能手二级；各打对14题，为能手三级；各打对12题，为能手四级；加减算打对10题，乘算和除算各打对11题，为能手五级；加减算打对8题，乘算和除算各打对10题，为能手六级。

拓展训练

全国珠算技术等级鉴定普通六级试题（一）

加减算　　　　限时20分钟

一	二	三	四	五
18	79	26	973	3 475
7 026	263	35	−51	68
549	6 584	4 190	1 802	519
93	12	18	−60	−25
2 806	371	9 804	374	1 209
37	46	72	−28	−98
854	9 508	635	7 964	406
4 193	812	8 574	85	82
65	57	23	−493	−746
270	6 903	461	12	1 270
17	94	39	506	−91
5 029	326	701	−6 718	637
81	7 514	98	70	−3 045
430	80	2 650	4 923	82

六	七	八	九	十
75	39	6 079	854	5 871
2 864	71	95	−76	−65
410	5 064	714	5 962	823
83	92	28	−90	−38
9 316	374	1 583	379	7 016
35	10	50	−15	45
173	645	836	607	−109
5 907	2 309	4 902	2 819	2 613
68	41	36	40	−94
542	2 856	627	−7 438	409
20	47	31	43	63
896	528	128	−982	1 274
3 104	7 390	8 049	2 105	587
97	16	57	63	20

乘算	
一	59×23=
二	14×608=
三	462×37=
四	68×95=
五	73×612=
六	308×41=
七	27×19=
八	905×74=
九	81×509=
十	56×83=

除算	
一	5 070÷78=
二	1 829÷59=
三	2 160÷90=
四	4 240÷53=
五	564÷12=
六	1 344÷84=
七	1 820÷26=
八	3 038÷31=
九	3 551÷67=
十	1 160÷40=

全国珠算技术等级鉴定普通六级试题（二）

加减算

限时20分钟

一	二	三	四	五
309	79	26	9 214	5 106
42	843	673	−49	−21
8 510	6 025	98	170	984
57	91	345	58	−36
9 723	5 376	4 509	−3 185	1 372
60	42	70	76	−48
784	218	8 251	839	729
1 943	1 065	19	6 243	84
29	34	5 432	−27	−697
305	167	106	901	46
91	79	87	−70	−7 501
2 817	8 926	6 703	4 208	25
65	584	589	−163	8 037
408	30	24	56	350

六	七	八	九	十
3 910	638	41	29	4 673
74	49	352	470	89
628	9 572	79	7 651	−578
59	21	8 067	−89	60
4 831	503	54	3 821	−1 924
26	84	942	−97	95
805	3 607	6 103	125	713
91	18	24	−5 041	−20
1 406	7 280	136	64	385
627	196	6 798	−236	−76
95	50	70	98	9 102
238	832	135	4 502	−43
45	9 465	5 049	−37	8 064
3 970	71	82	680	531

乘算	
一	92×307=
二	34×85=
三	568×19=
四	67×51=
五	201×84=
六	17×629=
七	24×93=
八	85×706=
九	403×21=
十	79×48=

除算	
一	1 344÷84=
二	4 240÷53=
三	4 074÷42=
四	6 305÷97=
五	2 193÷51=
六	2 760÷30=
七	1 248÷16=
八	870÷29=
九	3 672÷68=
十	1 470÷70=

全国珠算技术等级鉴定普通六级试题（三）

加减算

限时20分钟

一	二	三	四	五
5 403	4 507	762	4 869	1 043
20	63	85	51	−32
879	921	9 140	923	726
61	38	57	−35	92
7 128	5 264	3 012	8 307	−810
10	17	69	−64	58
453	786	248	153	4 876
39	2 069	17	−7 081	−67
905	84	460	24	291
48	591	7 895	−192	10
2 607	35	53	20	2 945
93	7 382	3 829	836	306
617	14	401	−94	−43
8 245	960	67	5 607	8 957

六	七	八	九	十
49	903	19	6 013	80
261	86	763	37	2 341
73	1 247	35	−721	659
5 084	75	4 802	92	−15
835	541	690	284	4 708
91	23	51	−59	−96
370	3 809	8 217	175	371
65	46	936	4 860	−53
1 058	6 052	20	−86	7 925
74	718	6 481	7 538	−240
692	49	35	−83	64
3 450	563	478	140	932
16	2 409	9 207	−6 405	−8 706
9 287	87	51	29	19

乘算

一	71×38=
二	805×29=
三	93×564=
四	264×97=
五	83×401=
六	16×75=
七	69×102=
八	52×63=
九	304×87=
十	47×12=

除算

一	1 176÷21=
二	3 397÷43=
三	1 740÷58=
四	3 484÷67=
五	1 680÷80=
六	4 512÷96=
七	952÷14=
八	910÷70=
九	3 150÷35=
十	7 728÷92=

全国珠算技术等级鉴定普通五级试题（一）

加减算

限时20分钟

一	二	三	四	五
6 102	9 701	8 501	8 307	9 078
369	352	895	−691	−607
421	635	126	254	154
1 564	4 193	6 389	2 583	−3 092
839	721	208	461	231
4 308	1 047	1 984	5 086	7 809
651	816	567	−712	524
207	542	492	835	783
514	429	641	−4 169	−902
3 783	8 053	307	504	147
257	749	2 432	−837	5 416
904	628	725	402	359
2 980	6 805	5 307	739	−683
607	197	391	1 927	368
839	608	406	−209	−2 165

六	七	八	九	十
872	5 237	7 245	2 084	267
7 615	615	309	141	9 150
686	362	413	−208	−761
170	214	8 594	479	418
6 351	7 328	972	7 042	−5 389
308	481	430	−736	−964
462	3 059	251	950	809
3 209	625	5 249	−5 481	2 616
947	760	785	729	−208
590	512	6 427	1 017	147
5 738	4 234	908	−465	3 502
640	901	136	706	413
516	9 573	4 270	3 150	−970
402	849	531	−684	574
9 549	146	407	513	1 039

乘算（保留两位小数）

一	0.653×0.701 =
二	692×45 =
三	3 754×29 =
四	0.17×0.8314 =
五	508×79 =
六	402×635 =
七	39×514 =
八	281×62 =
九	14×627 =
十	76×308 =

除算（保留两位小数）

一	0.2824÷0.53=
二	7 632÷ 106=
三	0.48647÷0.47=
四	16 821÷ 63=
五	57 567÷ 93=
六	1 026÷ 38=
七	6 923÷ 23=
八	7 533÷ 81=
九	4 165÷ 49=
十	16 191÷257=

全国珠算技术等级鉴定普通五级试题（二）

加减算

限时20分钟

一	二	三	四	五
4 038	1 780	947	6 078	5 416
651	63	108	−607	359
207	821	5 286	154	−683
514	6 047	679	−3 092	368
1 783	15	506	231	−2 165
481	308	6 102	−291	873
3 059	462	369	403	204
625	2 209	421	3 582	−793
760	947	1 564	−273	2 179
512	590	839	908	−902
7 082	3 472	408	1 547	549
543	257	8 291	649	1 352
367	5 703	74	−103	709
2 019	319	932	836	4 814
743	704	7 581	2 541	−297

乘算

（保留两位小数）

一	407×86=
二	35×176=
三	0.618×4.02=
四	82×507=
五	917×63=
六	0.5084×0.27=
七	26×184=
八	903×256=
九	174×28=
十	65×3 079=

六	七	八	九	十
908	513	1 047	7 083	5 147
136	5 034	816	−196	496
3 270	987	542	245	301
531	605	429	638	−638
407	217	8 053	−164	−2 514
4 982	2 047	384	2 084	4 017
31	418	4 672	141	−325
286	6 104	895	−208	536
2 097	379	607	479	1 394
52	362	5 981	4 042	−701
8 501	15 738	257	1 307	725
895	640	409	−691	906
126	516	2 987	254	9 138
6 389	402	703	−6 583	−704
208	9 549	689	461	586

除算

（保留两位小数）

一	116.83÷19=
二	4 930÷58=
三	1 769÷61=
四	1 394÷82=
五	6 956÷94=
六	8.2748÷0.86=
七	38 430÷63=
八	43 180÷508=
九	23 166÷702=
十	23 374÷806=

全国珠算技术等级鉴定普通五级试题（三）

加减算

限时20分钟

一	二	三	四	五
3 274	872	1 432	7 809	5 706
618	7 615	725	−524	−297
245	686	5 307	783	485
492	170	391	−902	569
8 503	6 351	406	147	1 072
76	141	4 234	8 607	−465
135	3 097	901	792	706
2 308	384	9 573	−458	3 150
742	812	849	596	−684
504	309	146	2 607	513
9 701	5 237	1 984	−6 805	−196
352	615	567	217	304
635	562	492	−538	4 258
4 193	214	641	1 496	−2 372
721	7 328	307	405	908

六	七	八	九	十
3 019	749	4 981	8 015	3 502
302	628	576	−589	413
124	6 805	419	162	−970
1 546	197	624	3 689	574
893	608	703	802	1 039
268	430	7 245	−837	936
5 926	251	309	402	487
695	5 249	413	739	−206
864	785	2 594	1 927	9 043
473	1 427	972	−209	451
4 638	803	8 592	−4 021	−5 461
156	4 194	801	573	−307
702	275	698	2 362	168
541	2 649	506	504	4 653
6 875	206	1 219	−139	−208

乘算

（保留两位小数）

题号	题目
一	536×74=
二	61×508=
三	509×25=
四	0.271×6.09=
五	84×731=
六	51×8 026=
七	206×713=
八	0.6903×1.2=
九	46×685=
十	58×427=

除算

（保留两位小数）

题号	题目
一	3 552÷74=
二	5 278÷58=
三	622.07÷82=
四	2 961÷47=
五	2 736÷36=
六	25 524÷36=
七	48 762÷602=
八	1 449÷ 63=
九	17 605÷503=
十	0.0693÷0.15=

全国珠算技术等级鉴定

普通四级试题（一）

加减算

限时20分钟

一	二	三	四	五
7 872	245	9 701	193	1 804
627 615	4 492	352	951 247	325
1 686	8 503	1 635	708	83 492
170	204 234	264 193	8 529	-9 571
6 351	901	721	-9 108	637 192
903 019	90 573	4 627	-429 102	-845
302	765 237	859	537	637
124	615	51 432	6 452	52 901
51 546	6 362	725	-416	346
893	214	795 307	-43 852	-7 481
7 082	17 328	391	2 946	729
543	3 274	5 406	602	-231 017
367	618	608	531	2 309
62 019	1 496	86 149	-1 403	-213
1 743	405	2 237	68 903	7 908

六	七	八	九	十
803	384	11 047	87 083	553 461
86 194	94 672	816	-9 196	-8 307
275	895	5 542	245	168
2 649	607	9 429	75 638	44 653
206	5 981	588 053	-164	-208
7 430	76 102	48 015	196	375 416
251	7 369	6 589	4 304	359
605 249	421	162	803 258	-5 683
785	701 564	73 689	-372	368
6 427	839	802	908	2 165
414 638	9 017	3 472	-5 291	8 307
1 156	325	257	403	-691
702	2 536	535 703	-263 582	254
6 541	201 394	2 319	1 273	-56 583
43 875	1 701	704	6 908	3 461

续表

乘　算（保留两位小数）		除　算（保留两位小数）	
一	7 015×19=	一	736 791÷807=
二	6 928×482=	二	6.30911÷0.73=
三	82×6 107=	三	91 168÷154=
四	57.01×0.83=	四	45 975÷75=
五	649×274=	五	259 616÷608=
六	402×5 163=	六	39 445÷49=
七	16×9 408=	七	3 354.15÷37.2=
八	53.79×0.37=	八	198 927÷961=
九	24×7 509=	九	40 236÷479=
十	8 096×42=	十	2 044÷28=

全国珠算技术等级鉴定

普通四级试题（二）

加减算

限时20分钟

一	二	三	四	五
1 872	89 017	84 627	352 309	88 307
57 615	325	859	213	−691
686	4 536	8 015	7 908	254
2 170	581 394	589	−416	−6 583
606 351	701	4 162	203 852	461
430	11 047	233 689	2 083	761 804
251	816	802	−5 196	2 325
565 249	7 542	3 019	245	−258 196
785	429	61 302	65 638	304
6 427	8 053	124	−164	3 258
47 082	9 701	901 546	291	−49 372
4 543	352	893	3 403	908
367	635	1 245	−33 582	−7 481
2 019	424 193	492	−9 273	729
743	3 721	8 503	908	1 017

续表

六	七	八	九	十
5 237	794 638	56 102	545 416	43 461
21 615	156	3 369	46 359	−307
362	4 702	421	−683	3 168
214	29 541	211 564	4 368	754 653
7 328	393 875	839	−202 165	−208
953 472	384	4 234	7 192	3 492
257	4 672	901	−845	571
755 703	1 895	9 573	193	−268 529
4 319	607	971 496	71 247	108
704	5 981	405	708	−19 102
59 432	608	4 803	−2 946	537
725	76 149	26 194	602	−4 637
2 307	237	275	7 531	2 901
391	3 274	2 649	−31 403	346
5 406	618	206	8 903	6 452

乘算（保留两位小数）		除算（保留两位小数）	
一	587×163=	一	26 752÷38=
二	301×408=	二	1 019.40÷26.1=
三	0.94×30.07=	三	176 954÷859=
四	7 015×92=	四	26 496÷368=
五	8 096×42=	五	1 377÷17=
六	72×5 036=	六	608 572÷706=
七	6 049×18=	七	1.5716÷0.62=
八	5 817×37=	八	443 682÷942=
九	18×4 609=	九	37 888÷64=
十	46.09×0.57=	十	413 712÷507=

全国珠算技术等级鉴定

普通四级试题（三）

加减算

限时20分钟

一	二	三	四	五
972	42 835	185	471 609	39 608
6 523	318	6 094	-201	173 629
7 901	17 406	706	1 948	-3 289
1 853	851	936 205	471	4 607
258 907	5 829	284	-3 696	-648
416	426	75 268	85 204	825 104
63 902	1 967	759	553	-7 142
864	752	4 391	6 387	5 083
97 481	3 061	5 708	186	825
317	857 497	41 709	638	605
416 953	403	8 253	-121 172	173
8 026	2 405	642	9 203	-64 157
1 475	693	1 631	-8 745	531
258	1 397	284 731	294	-1 529
908	693 802	993	-29 613	974

六	七	八	九	十
215	65 348	428	792 103	82 701
3 756	473	7 031	-6 402	498 732
843	659	98 672	58 407	135 406
36 205	7 291	983	863	-9 463
938	185	1 534	-165 498	5 018
1 204	71 609	907	2 075	-8 312
2 976	387	357 608	792	6 709
579 801	8 352	621	-6 139	761
4 817	924	357	5 978	584
579	1 421	8 902	437	-1 532
209	924 305	14 903	-43 126	296
21 894	4 097	2 685	251	135
641	387 621	716	165	-705
443 276	604	1 754	-1 298	498
9 053	5 608	621 954	406	-76 459

续表

乘　算（保留两位小数）		除　算（保留两位小数）	
一	4 507×946=	一	81 928÷98=
二	0.54×0.6587=	二	55 500÷375=
三	2 301×72=	三	166.96÷28=
四	793×108=	四	215 712÷504=
五	968×803=	五	9 345÷623=
六	8 732×51=	六	64 584÷104=
七	1 026×34=	七	38 409÷413=
八	87×1 716=	八	13 234÷26=
九	15×4 629=	九	36.50362÷7.96=
十	6.49×2.395=	十	75 905÷85=

全国珠算技术等级鉴定

普通三级试题（一）

加减算

限时20分钟

一	二	三	四	五
80 527	417 608	4 175	97 853	41 835
743	92 625	765 084	6 727	186 027
4 516	2 087	629	-434	-6 034
760 139	849	80 425	156 219	56 203
18 452	650 412	2 317	-21 834	-834
793	37 129	35 896	2 917	2 917
328 074	1 925	943	920 376	520 376
2 193	56 398	512 806	375	427
53 281	734	18 049	-10 794	22 316
706	615 804	496 024	7 528	7 528
364 705	48 617	2 371	471 509	-371 509
7 352	3 092	86 954	56 923	-56 923
864 618	908	705	-317 184	620 184
50 134	291 057	94 163	308	618
80 419	86 274	650 278	-29 475	-25 095

续表

六	七	八	九	十
47.93	6 021.98	623.05	258.61	1.78
3 420.61	7.85	59.84	8 301.79	4 802.56
906.58	860.34	3 045.17	7.89	−79.13
5.27	4 719.27	410.96	−14.62	2.45
830.19	53.48	8.42	−4 970.35	−304.87
2 016.37	3.92	78.56	301.42	8 570.19
75.48	129.68	2 370.91	−41.29	53.61
1.63	25.64	659.18	9.75	820.78
698.02	108.59	9.71	860.39	−6 035.94
7 832.54	94.37	10.63	2 038.46	1.69
6.35	4 870.21	5 138.09	7.54	78.23
807.59	8 062.59	368.17	−320.75	−281.19
2 190.43	7.35	290.46	−53.96	7 450.13
45.29	520.87	4.35	9 065.13	512.84
574.38	279.61	9 867.34	187.26	−396.47

乘　算（保留两位小数）		除　算（保留两位小数）	
一	268×491=	一	486 485÷745=
二	5 794×263=	二	304 624÷964=
三	8.4215×1.12=	三	2.024455÷0.6951=
四	135×9 017=	四	227 976÷826=
五	941×308=	五	336 490÷437=
六	0.1702×6.45=	六	503.8999÷7.52=
七	382×574=	七	210 657÷213=
八	8.06×0.3762=	八	250 952÷508=
九	607×76 839=	九	546.291÷38.9=
十	413×856=	十	131 918÷142=

全国珠算技术等级鉴定
普通三级试题（二）
加减算

限时20分钟

一	二	三	四	五
50 832	514 607	7 418	14 286	367
674	72 536	397 056	487 602	5 043
9 451	9 028	526	9 063	295 081
920 673	384	70 842	-59 361	730 597
81 745	690 521	2 631	284	-84 612
846	48 127	43 589	-2 579	7 628
562 073	7 359	264	501 237	-20 943
1 239	54 162	941 306	296	1 325
65 928	496	15 032	-60 348	-595 302
803	287 403	197 608	-4 189	60 197
321 409	39 218	8 237	41 056	-483
8 735	2 085	57 194	173 693	587 136
258 716	607	905	-180 623	-49 064
70 496	732 059	18 962	607	529
12 492	19 684	250 179	28 594	46 718

六	七	八	九	十
14.79	5 062.18	464.03	9 428.75	1.68
8 340.26	4.87	78.95	-403.16	8 608.26
709.65	780.63	6 054.16	6.73	-75.91
5.92	6 749.12	420.39	53.82	8.24
780.31	25.34	5.84	-1 860.75	903.45
2 081.68	9.38	27.85	205.74	2 580.18
75.34	145.26	8 240.51	-61.98	15.36
3.16	92.07	316.97	3.72	-470.52
467.05	708.54	9.72	-740.91	6 049.85
5 819.42	26.91	50.94	4 083.26	6.35
9.37	8 140.85	7 612.08	8.59	-291.43
401.25	1 056.38	858.81	910.57	42.98
1 980.24	8.34	290.76	-34.63	-8 780.51
17.68	397.02	3.45	6 065.12	165.74
342.59	937.51	2 697.34	483.17	-530.89

续表

乘 算（保留两位小数）		除 算（保留两位小数）	
一	648×372=	一	182 784÷476=
二	3 157×649=	二	211 365÷385=
三	5.8029×3.14=	三	1.469679÷0.1802=
四	635×8 027=	四	494 705÷607=
五	946×518=	五	415 296÷824=
六	0.7204×3.95=	六	195.4385÷7.36=
七	283×746=	七	165 616÷941=
八	6.72×0.3108=	八	540 441÷583=
九	407×691=	九	3 533.83÷659=
十	581×34 029=	十	219 912÷264=

全国珠算技术等级鉴定

普通三级试题（三）

加减算

限时20分钟

一	二	三	四	五
90 471	8 163	8 473	734 017	32 709
853	730 654	625	95 783	568 142
4 162	529	374 092	−7 082	−9 063
861 053	49 702	560 837	293	63 471
53 067	3 815	80 312	−340 781	−483
249	10 589	4 567	61 945	2 709
723 508	674	10 896	5 729	712 405
1 924	258 403	7 325	−40 186	891
60 783	52 074	419 203	185	10 983
485	932 065	29 108	514 602	3 645
273 041	4 068	375	−68 057	−405 601
6 019	56 397	829 456	3 948	−95 028
527 384	814	53 087	−567	467 023
94 076	30 723	946	931 045	581
73 862	736 189	60 314	40 569	−60 347

续表

六	七	八	九	十
13.92	267.04	8.76	6 054.18	430.85
6 257.04	53.29	4 528.03	8.27	8 276.19
840.65	3 548.16	70.19	−946.53	6.51
3.72	641.02	6.43	7 140.52	−83.97
504.12	1.78	910.87	−48.36	−4 130.64
4 510.68	70.93	3 979.15	7.39	503.27
21.39	9 804.51	13.54	362.89	4.93
7.98	423.79	362.58	−24.87	16.47
480.39	8.16	2 693.07	510.84	−530.14
5 364.07	39.52	9.04	69.12	3 324.45
3.67	7 346.08	785.13	−4 523.07	3.45
701.84	180.53	54.92	8 340.61	−704.53
6 190.32	249.06	4 730.61	−7.09	−26.73
98.25	5.87	386.92	380.45	9 330.21
574.38	8 061.72	650.64	426.17	673.15

乘　算（保留两位小数）		除　算（保留两位小数）	
一	953×437=	一	356 625÷375=
二	6 419×237=	二	291 468÷642=
三	3.6057×3.65=	三	0.726138÷0.1708=
四	273×3 053=	四	436 760÷716=
五	361×563=	五	364 744÷508=
六	0.3104×3.34=	六	691.4973÷5.47=
七	2.64×0.5061=	七	343 664÷914=
八	483×97 206=	八	46 872÷372=
九	246×313=	九	553.491÷68.4=
十	708×943=	十	194 670÷270=

全国珠算技术等级鉴定
普通二级试题（一）
加减算

限时20分钟

一	二	三	四	五
9 358	482 901	728 156	345 216	349 512
49 712	1 253	3 094 871	−7 408	5 706
138 752	127 389	3 904	7 048 325	−95 367
620 974	59 607	91 662	70 835	684 117
23 084	213 796	54 102	−192 685	8 614
26 304	4 682	836 405	16 278	78 049
784 956	73 145	1 836	3 263 591	−435 928
7 829	3 473 612	27 589	−2 403	4 072 658
258 607	8 059 436	4 816 539	9 142	10 268
5 941 378	143 504	562 034	48 506	−1 702
9 201	8 509	174 241	−840 296	72 809
6 026 193	6 462 185	5 697	351 974	−614 203
879 463	38 094	490 752	62 934	−3 475
50 613	6 317	7 908	5 371	270 536
5 206	56 027	30 481	−371 809	1 596 834

六	七	八	九	十
14.98	2 735.01	43 728.56	530.17	3 412.57
567.43	21.69	70 192.48	−25.04	−28.09
321.05	47.32	6 279.05	9 178.24	860.41
7 856.92	891.72	82.76	87 263.91	4 321.76
78.36	98 374.12	345.21	85.06	50 879.26
41 887.93	1 289.35	71.09	20 546.83	−123.98
2 306.75	654.08	180.63	204.63	9 643.58
310.85	2 198.54	198.03	−1 987.43	69.54
8 765.21	305.74	9 104.53	−789.65	34.82
902.41	5 609.18	41.02	36.21	−8 702.31
93.02	640.28	709.28	−6 624.09	21 596.34
8 492.07	30 657.94	2 865.71	91.58	509.76
5 941.78	96.07	5 634.79	543.07	−58.07
63.04	36.05	6 543.98	−4 508.97	876.01
90 324.61	7 421.36	56.14	3 319.25	−4 975.03

续表

乘 算（保留两位小数）		除 算（保留两位小数）	
一	7 896×1 907=	一	48 924÷453=
二	9 402×729=	二	4 212 738÷5 094=
三	504×9 041=	三	315 555÷965=
四	5 218×7 283=	四	391.824774÷0.302=
五	1.09×4.6032=	五	59.55911÷8.769=
六	53.02×20.04=	六	249 725÷1 427=
七	1.635×863=	七	298.2469÷23.5=
八	287.53×3.08=	八	2 853 424÷698=
九	481×5 874=	九	55 012.63÷817=
十	6 047×4 536=	十	108 942÷402=

全国珠算技术等级鉴定

普通二级试题（二）

加减算

限时20分钟

一	二	三	四	五
936 153	5 768	675 123	875 103	4 375 082
7 683	8 925 035	4 368 097	−65 034	846 219
3 147 905	64 378	4 805	6 026 345	−5 903
79 582	128 075	597 213	−299 784	91 201
304 138	35 253	73 561	461 230	−344 821
48 097	205 864	102 480	20 387	6 587
527 684	7 493	6 175	−5 678	8 350 906
7 082	43 365	2 001 985	4 851 206	47 192
38 951	919 087	524 037	−65 203	−25 683
6 317	4 408 372	919 486	9 814	492 101
5 908 326	785 129	76 502	453 396	7 218
708 604	7 023	3 918	8 041	60 391
65 354	624 109	47 045	−70 683	−396 524
4 812	56 293	6 532	139 254	−577 025
275 093	3 107	82 440	9 238	3 876

续表

六	七	八	九	十
74 512.01	1 390.73	473.62	97 390.68	6 592.37
469.78	9 462.08	12.58	45.82	76 103.54
1 580.62	87 593.01	79 625.03	−4 910.23	−47.82
50.93	59.63	6 828.07	20.89	−831.06
860.74	805.27	511.23	542.76	2 148.08
3 892.03	64.12	76.09	7 807.26	18.34
93.75	4 870.29	8 561.82	−34 630.95	−425.97
7 506.97	36.95	31 417.40	5 580.23	8 909.12
631.08	745.18	49.86	782.37	52.87
44 540.93	61 380.13	925.39	−94.12	−603.21
19.51	881.92	8 681.24	2 607.23	4 397.28
5 846.63	4 572.36	3 780.23	−319.13	20 815.62
39.52	52.83	76.09	9 286.25	398.84
312.58	603.47	205.37	70.18	−7 760.93
2 189.62	6 915.28	1 405.82	−512.34	35.08

乘　算（保留两位小数）		除　算（保留两位小数）	
一	8 731×6 308=	一	167.745÷795=
二	3 905×853=	二	6 244 567÷9 037=
三	60.3×9.1254=	三	2 579 013÷621=
四	42.15×56.31=	四	597 552÷708=
五	976×7 789=	五	68.8287÷61.603=
六	1 098×9 421=	六	600 696÷2 781=
七	4.09×3.096=	七	2 051 073÷349=
八	456×8 572=	八	288.820699÷0.508=
九	6 124×712=	九	138.3511÷85.9=
十	578.42×24.7=	十	3 079 904÷436=

全国珠算技术等级鉴定

普通二级试题（三）

加减算

限时20分钟

一	二	三	四	五
3 158	482 901	2 738 156	45 016	349 512
49 712	1 253	6 094 871	−7 408	5 706
138 752	127 398	3 904	70 835	468 317
602 497	59 670	91 026	7 048 325	−95 367
23 048	213 769	836 405	−419 586	8 146
26 304	6 482	1 836	916 278	708 490
784 956	73 154	27 589	2 765 319	−72 453
7 829	876 412	618 539	2 403	4 072 658
158 706	8 059 436	256 473	9 142	10 268
5 941 348	36 027	657 421	48 506	−1 702
9 201	3 504	5 697	−840 269	72 809
4 026 193	18 059	409 752	−62 934	−416 203
879 436	6 462 185	7 908	5 371	3 475
50 613	8 094	30 418	−371 809	−720 359
5 206	950 317	85 397	256 780	5 196 834

六	七	八	九	十
41.98	2 735.01	43 728.56	530.17	4 312.75
567.43	12.69	70 192.48	−25.04	28.09
231.05	47.32	6 279.05	9 178.42	684.10
7 856.92	891.76	82.67	43 629.87	−2 021.67
87.36	12 743.98	341.52	86.05	50 879.26
4 187.93	3 589.12	71.09	20 548.96	−1 239.87
2 306.75	650.48	180.36	204.36	435.96
138.08	4 512.98	190.38	−4 781.92	69.54
8 765.21	305.47	9 157.43	−789.65	43.82
109.42	5 609.18	41.02	36.21	−6 023.78
93.02	640.28	709.86	−7 390.16	21 596.43
4 892.07	30 657.94	2 865.71	98.51	509.76
65 941.78	96.07	56.14	−504.73	−58.07
63.04	36.05	6 543.89	1 508.97	786.01
23 164.09	1 263.74	4 365.97	3 619.25	−5 975.03

续表

乘 算（保留两位小数）		除 算（保留两位小数）	
一	4 258×7 504=	一	420 336÷834=
二	6 501×415=	二	526 872÷3 028=
三	7 893×289=	三	4.2127156÷1.6902=
四	12 439×932=	四	4 604 133÷5 876=
五	70.5×6.8901=	五	768.5764÷74.3=
六	37.81×17.58=	六	7 387 341÷921=
七	6.29×3.243=	七	639 951÷807=
八	8 064×6 398=	八	1 504 152÷156=
九	306×5 067=	九	1 401 126÷293=
十	317.2×4.129=	十	15.011979÷0.407=

全国珠算技术等级鉴定

普通一级试题（一）

加减算

限时20分钟

一	二	三	四	五
29 031	3 721 506	375 894	5 609 347	83 240 698
6 204	126 035	82 730 561	−716 829	2 439
5 136 947	4 268	5 921 048	8 342	−946 283
823 764	10 489	60 374	49 205 638	4 853 704
12 540 978	53 901 835	13 249	−50 714	2 081
87 632	6 820 173	4 602	63 128	−67 145
431 765	4 736	12 035 796	3 709 541	351 607
9 537	13 625	867 152	56 902 784	−32 436 718
20 478 629	520 408	4 867	−7 415	8 294
9 805 367	21 903 746	21 089	902 168	7 963 185
9 128	1 459 167	46 905 824	1 360 951	−371 609
175 305	52 319 876	3 470 915	25 486	20 957 861
42 309 857	458 961	4 013 852	−407 135	64 352
8 167 502	7 024	7 649	−37 429 068	−6 105 798
13 359	65 902	502 398	8 126	59 214

续表

六	七	八	九	十
918 504.76	57 013.26	43.16	64 970.85	50 869.24
435.08	2 491.08	8 790.52	35.19	297 163.05
1 543.27	49.85	489 012.73	−124.56	−847.31
79.62	302.57	19 470.54	87 240.36	4 810.47
81 976.23	9 260.31	316.85	−9 703.81	93.52
6 058.71	234 691.87	5 230.91	549.78	356 280.14
32.49	20 864.35	68.47	839 021.67	−84.93
623 871.05	817.92	542 307.32	5 824.03	−74 205.68
475.38	795 308.47	2 041.98	32.15	791.02
12 908.64	57.84	97 685.13	97 084.62	875 416.93
39.42	6 365.17	502.46	−3 617.53	6 039.54
347 592.60	487 561.49	748 021.32	742 352.91	157.68
5 867.01	19.02	318.97	−804.26	−41 802.37
31 509.87	529.08	87 209.65	−142 830.48	−2 371.59
278.14	27 541.63	24.39	56.74	49.86

乘　算（保留两位小数）		除　算（保留两位小数）	
一	9 412×3 247=	一	25 341 253÷60 193=
二	51 067×7 304=	二	24 301 420÷638=
三	60.83×0.324=	三	1 943 928÷3 192=
四	2 567×6 139=	四	0.98415÷0.079=
五	7.4093×28.56=	五	2 135 896÷3 548=
六	908.5×84.16=	六	1 748 823÷471=
七	6 371×5 748=	七	3.717134÷0.564=
八	380.4×0.7293=	八	10 484.2092÷82.7=
九	4 278×2 905=	九	836 628÷2 076=
十	18.52×1.605=	十	5 194 636÷80 425=

全国珠算技术等级鉴定

普通一级试题（二）

加减算

限时20分钟

一	二	三	四	五
94 213	1 375 095	295 483	5 067 238	13 380
6 052	526 806	8 895 401	−812 783	79 658 076
7 039 438	4 683	26 931 036	9 432	390 757
538 685	26 578	5 248	39 260 574	−8 703 184
90 873 096	92 876 502	37 293	−13 965	9 231
96 513	8 720 361	6 404	95 203	68 570
456 983	9 374	48 650 723	1 503 439	−935 608
5 237	78 756	967 531	28 970 365	4 356 976
38 741 502	238 907	30 573	−4 651	−5 985
6 959 086	46 785 309	2 179	596 728	−40 519 362
8 307	4 873 685	16 305 062	−7 284 609	691 348
827 165	90 653	3 859 124	88 057	93 867 149
93 206 557	23 581 976	7 503 786	−490 365	−61 905
8 467 132	805 493	16 238	27 582 094	9 273
70 658	4 635	409 893	6 243	4 803 456

六	七	八	九	十
814 805.61	57 260.58	45.83	284 031.69	70 158.43
239.05	7 143.09	8 730.91	53.87	254 179.06
5 734.13	36.85	491 035.76	−374.62	−841.58
85.76	901.27	48 720.55	87 607.28	−6 860.85
23 136.02	4 539.12	565.89	−6 908.96	94.27
9 671.28	847 142.04	4 907.12	486.65	623 801.52
39.87	79 625.36	55.37	259 710.53	75.94
605.79	176.82	197 238.04	5 943.06	−318 036.35
79 358.63	285 207.43	8 329.75	92.18	438.87
50.24	37.69	276.38	−64 935.03	70 176.59
267 032.58	1 280.18	509 723.57	6 329.84	−783.04
8 867.59	98 307.52	658.44	392 750.18	30 541.23
43 125.96	340 303.94	98 402.76	−274.36	4 572.38
568.07	99.23	26.04	50 019.62	−6 498.72
197 284.56	434.75	73 864.93	−81.47	90.18

续表

乘　算（保留两位小数）		除　算（保留两位小数）	
一	14 853×2 614=	一	6 812.4721÷8.53=
二	4 315×6 297=	二	1 468 896÷5 136=
三	9 371×89 265=	三	23 441.437÷64.8=
四	8 624×1.7935=	四	1 944 544÷17 362=
五	7 182×5 049=	五	6 628 160÷9 415=
六	5 937×9 741=	六	52.45639÷6.083=
七	20.46×3.1582=	七	1 937 331÷3 267=
八	7.069×8.403=	八	6.56794÷0.074=
九	920.8×0.4753=	九	27 283 674÷72 951=
十	409.5×17.08=	十	2 605 692÷482=

全国珠算技术等级鉴定

普通一级试题（三）

加减算

限时20分钟

一	二	三	四	五
94 213	1 375 095	295 483	5 067 238	13 308
6 205	526 806	87 895 401	−817 832	89 658 079
7 034 938	4 385	6 931 036	9 463	907 357
538 685	20 587	5 248	39 605 742	−8 703 184
90 873 096	29 876 526	87 293	−13 569	9 231
96 531	8 720 361	6 406	95 203	80 654
456 839	9 387	48 650 724	1 563 496	−539 608
7 523	78 756	967 513	48 907 365	4 356 972
30 415 278	923 708	50 382	−4 158	5 968
6 950 986	34 768 059	82 197	596 782	−20 519 326
8 037	4 873 685	61 305 026	−7 284 609	−791 263
872 156	90 356	3 859 124	−490 563	39 867 124
39 260 575	53 581 967	9 503 867	72 580 257	−67 950
8 467 213	805 493	6 238	6 243	9 273
60 758	2 635	904 893	91 785	4 803 456

续表

六	七	八	九	十
487 480.56	57 260.58	15.38	824 301.96	70 158.43
235.09	1 740.39	8 730.91	53.87	254 197.06
5 784.13	63.85	910 356.74	−374.62	−845.18
85.67	901.27	48 750.55	8 607.28	−6 860.85
13 026.23	4 539.12	565.89	−69 083.97	94.72
671.82	374 120.45	4 972.12	259 715.03	623 801.25
39.78	97 625.36	65.34	5 943.06	75.94
178 402.86	167.28	109 823.73	92.18	−18 035.63
650.97	285 207.83	1 239.57	−64 298.37	348.87
42.05	37.96	726.38	3 625.93	571 760.25
260 857.32	7 208.18	609 732.75	197 570.81	−1 193.62
8 867.24	48 307.25	654.84	−275.38	783.04
34 152.96	746 030.98	98 420.67	50 190.26	30 541.23
2 605.78	92.93	52.04	−81.42	−4 574.46
47 586.93	434.75	37 194.58	346.71	90.18

乘　算（保留两位小数）		除　算（保留两位小数）	
一	9 142×4 327=	一	19 848 072÷30 916=
二	41 706×7 035=	二	6 440 838÷9 123=
三	68.03×9.2034=	三	6 685.5631÷3.68=
四	7 526×1 396=	四	5 024 712÷5 438=
五	9.5048×25.63=	五	2 291 172÷741=
六	808.5×64.19=	六	3.3779÷0.086=
七	7 361×5 847=	七	1 280 082÷6 702=
八	3 704×0.8293=	八	55.6661÷0.189=
九	2 748×9 205=	九	40 208 784÷87 032=
十	81.56×1.7502=	十	205 365.14÷72.8=

第5章

点钞技术

教学目标

（1）了解货币演变的过程；

（2）能够运用多种方法进行人民币真伪的鉴别；

（3）能够快速进行钞票的整理和清点。

思政目标

通过大量的技能练习，培养学生的团队合作和协作精神、踏实肯干的工作作风与严谨、认真的学习和工作态度。

点钞就是整理、清点钞票，使进出钞票的数量和质量得以保证。它是手、脑、眼三合一清点现钞的操作技巧。点钞技术的高低，速度的快慢，计数的准确对提高工作效率和工作质量有着重要的作用，是金融、财会工作者必须熟练掌握的基本技能之一。

5.1 点钞的基本知识

点钞是指按照一定的方法查清票币的数额，即整理、清点钞票的工作，在银行泛指清点各种票币，又称票币整点。不仅金融系统，其他部门的现金流量也都很大。对于前台柜员以及出纳员来说，清点钞票是一项经常的、大量的、技术性很强的工作。点钞速度的快慢、技术水平的高低，直接影响工作的效率和质量。因此，点钞是前台柜员和出纳员的必备技能之一，点钞技术的质量和效率是考核前台柜员和出纳员业务素质的重要指标，学好点钞技术是做好出纳工作的基础。

5.1.1 认识练功券

银行练功券的名称有很多，各地各人的叫法都不一样，有的叫练功券，有的叫点钞纸，还有的叫点钞练功专用券等。但经过近几年的研讨，大家约定俗成地把它叫作银行练功券，并给它下了一个定义：银行练功券（以下简称“练功券”），又称点钞纸，系由金融部门发行的，用于练习点钞技术的，与纸币类似的专用券，具有非流通性和非商业性（如图5-1所示）。

图5-1 练功券

（1）练功券的产生。

银行对员工的业务素质要求较高，除必须具备银行基础理论、银行基本业务知识外，还必须具备业务技术及操作技能，其中包括阿拉伯数字的书写、电脑的操作、点钞机的使用、珠算水平、点钞的速度等。在点钞机未普遍使用的20世纪八九十年代，点钞与珠算的准确性与速度，直接反映银行员工的业务素质及银行的整体水平，这也是衡量银行服务质量的重要方面。为此，各银行（含信用社及其他金融机构）十分重视点钞操作技能的提高，并以此作为考核员工的依据，从而年年测试，年年定级。由于众所周知的原因，不可能用真币练习，因此便产生了代替真币并与真币似同的“练功券”。

（2）练功券的基本特征。

练功券的最大特征是纸质、大小如纸币，有图案、面值（面额）、行名（发行或使用单位）、行徽、年号、编号、印刷厂家，有的还有水印等。

5.1.2 点钞的基本程序

点钞的基本程序包括：拆把、点数、扎把和盖章。

（1）拆把：把待点的成把钞票的封条拆掉。

（2）点数：手点钞，脑记数，点准一百张。

（3）扎把：把点准的一百张钞票墩齐，用捆钞条扎紧。

（4）盖章：在扎好的钞票捆钞条上加盖经办人名章，以明确责任。

5.1.3 点钞的基本要求

出纳员在办理人民币收、付和整点工作时，应以准确、快速为前提。首先是

“准”，即清点和记数要准确。要做到点数准确，除了平时要勤学苦练基本功外，在训练过程中要做到“一集中、二坚持、三准确、四对清”。“一集中”，即注意力集中；“二坚持”，即坚持训练，坚持复核；“三准备”，即思想、款项、工具准备；“四对清”，即凭证金额看清，钞票当面点清，号单对清，钞票付出当面交代清。其次是“快”，即在准的前提下，努力提高工作效率。在金融系统中，财务部门的出纳员还应再加一个“好”字，即符合“五好捆钱”的标准，要做到点数准确、残钞挑净、平铺整齐、把捆扎紧、盖章清晰，也就是“点准、挑净、墩齐、扎紧、盖章清楚”的点钞五要求。学习点钞，首先要掌握点钞的基本要领，以下几点要求对于任何一种点钞方法都是适用的：

（1）坐姿端正。

点钞的坐姿会直接影响点钞技术的发挥和提高。正确的坐姿应该是直腰挺胸，身体自然，肌肉放松，双肘自然放在桌上，持票的左手腕部接触桌面，右手腕部稍抬起，整点钞票轻松持久，活动自如。

（2）用品定位。

点钞时使用的印泥、图章、水盒、捆钞条等要按使用顺序在固定位置放好，以便点钞时使用顺手。

小提示5-1

点钞水盒可以有效增加手指和钞票的粘合力，防止因手指打滑而使钞票不易翻动。

（3）点数准确。

点钞技术的关键是一个“准”字，清点和记数的准确是点钞的基本要求。点数准确一要精神集中；二要定型操作；三要手点、脑记、眼看紧密配合。

（4）钞票墩齐。

钞票点好后必须墩齐，四条边线各自成一条水平线。

（5）扎把捆紧。

扎把以提起把中任一张钞票不被抽出为准，以用力推不变形为准。

（6）盖章清晰。

捆钞条上的名章，是分清责任的标志，每个人整点后都要加盖印章，名章要清晰可辨。

5.2 手工点钞法

点钞包括整点纸币和清点硬币。点钞的方法是相当多的，概括而言，可以划分为手工点钞和机器点钞两大类。对于手工点钞，根据持票姿势的不同，又可划分为手持式点钞方法和手按式点钞方法。手按式点钞方法，是将钞票放在台面上操作；手持式点钞方法是在手按式点钞方法的基础上发展而来的，其速度远比手按式点钞方法快。因此，手持式点钞方法在全国各地应用比较普遍。手持式点钞方法，根据指法不同又可分为：单指单张、单指多张、多指多张、扇面式点钞等4种。

手工清点硬币的方法，也是一种手工点钞法。在没有工具之前，硬币全部用手工清点，这是清点硬币的一种基本方法，它不受客观条件的限制，只要熟练掌握，在工作中与用工具清点的速度相差不大。

手持式单指单张点钞法是最常用的点钞方法之一。其基本操作要领如下：左手持票，手心向下，拇指按住钞票正面的左端中央，食指和中指在钞票背面，与拇指一起捏住钞票；左手无名指自然卷曲，捏起钞票后小拇指伸向钞票正面压住钞票左下方；左手中指稍用力，与无名指、小拇指一起紧卡钞票；左手食指伸直，拇指向上移动，按住钞票的侧面，将钞票压成瓦形；左手将钞票从桌面上擦过，钞票翻转，拇指借助从桌面上擦过的力量将钞票撑成微开的扇面并斜对自己；右手三个指头沾水，用拇指尖向下捻动钞票右下角，食指在钞票背面配合拇指捻动；用右手无名指将捻起的钞票往怀里弹，边点边记数；点钞时注意姿势，身体挺直，眼睛和钞票保持一定距离，两手肘部放在桌面上。

手按式单指单张点钞法也是最常用的点钞方法之一。其基本操作要领如下：将钞票横放在桌面上，正对自己；用左手无名指、小拇指按住钞票的左上角；用右手拇指托起部分钞票的右下角；右手食指捻动钞票，每捻动一张，左手拇指即往上推动送至左手食指、中指之间夹住，即完成了一次点钞动作，以后依次连续操作。

下面主要介绍手持式的几种点钞方法。

5.2.1　单指单张点钞法

用一个手指一次点一张的方法叫单指单张点钞法。这种方法是点钞中最基本也是最常用的一种方法，使用范围较广，频率较高，适用于收款、付款和整点各种新旧大小钞票。这种点钞方法由于持票面小，能看到票面的四分之三，容易发现假钞票及残破票，缺点是点一张记一个数，比较费力。具体操作方法如图5-2所示。

图5-2　手持式单指单张点钞法

（1）持票。

左手横执钞票，下面朝向身体，左手拇指在钞票正面左端约四分之一处，食指与中指在钞票背面与拇指同时捏住钞票，无名指与小指自然弯曲并伸向票前左下方，与中指夹紧钞票，食指伸直，拇指向上移动，按住钞票侧面，将钞票压成瓦形，左手将钞票从桌面上擦过，拇指顺势将钞票向上翻成微开的扇形，同时，右手拇指、食指作点钞准备。

（2）清点。

左手持钞并形成瓦形后，右手食指托住钞票背面右上角，用拇指尖逐张向下捻动钞票右上角，捻动幅度要小，不要抬得过高。要轻捻，食指在钞票背面的右端配合拇指捻动，左手拇指按捏钞票不要过紧，要配合右手起自然助推的作用。右手的无名指将捻起的钞票向怀里弹，要注意轻点快弹（如图5-3所示）。

图5-3　清点钞票

（3）记数。

其与清点同时进行。在点数速度快的情况下，往往由于记数迟缓而影响点钞的效率，因此记数应该采用分组记数法。把10作1记，即1、2、3、4、5、6、7、8、9、1（即10），1、2、3、4、5、6、7、8、9、2（即20），…，1、2、3、4、5、6、7、8、9、10（即100）。采用这种记数法记数既简单又快捷，省力又好记。但记数时要默记，不要念出声，做到脑、眼、手密切配合，既准又快。

5.2.2　单指多张点钞法

点钞时，一指同时点两张或两张以上的方法叫单指多张点钞法。它适用于收款、付款和各种券钞的整点工作。点钞时记数简单省力，效率高。但单指多张点钞法也有缺点，就是在一指捻几张时，由于不能看到中间几张的全部票面，所以不易发现假钞和残破票。这种点钞方法除了记数和清点外，其他均与单指单张点钞法相同。

（1）持票。

同单指单张点钞法。

（2）清点。

清点时，右手食指放在钞票背面右上角，拇指肚放在正面右上角，拇指尖超出票面，用拇指肚先捻钞。单指双张点钞法，拇指肚先捻第一张，拇指尖捻第二张。单指多张点钞法，拇指用力要均衡，捻的幅度不要太大，食指、中指在票后面配合捻动，拇指捻，无名指向怀里弹。在右手拇指往下捻动的同时，左手拇指稍抬，使票面拱起，从侧边分层错开，便于看清张数，左手拇指往下拨钞票，右手拇指抬起让钞票下落，左手拇指在拨钞的同时下按其余钞票，左右两手拇指一起一落协调动作，如此循环，直至点完。

（3）记数。

采用分组记数法，如点双数，两张为一组记一个数，50组就是100张。

技能训练5-1

一、完整完成拆把、点数、扎把、记数四个环节

二、评分标准

*优秀：

5分钟，单指单张600张；单指多张800张。

*良好：

5分钟，单指单张400张；单指多张600张。

*及格：

5分钟，单指单张300张；单指多张500张。

5.2.3　多指多张点钞法

多指多张点钞法是指点钞时用小指、无名指、中指、食指依次捻下一张钞票，一次清点四张钞票的方法，也叫四指四张点钞法。这种点钞法适用于收款、付款和整点工作，这种点钞方法不仅省力、省脑，而且效率高。能够逐张识别假钞票和挑剔残破钞票，是近年来使用较多的一种方法，最高时速可达30 000张/小时（如图5-4所示）。

图5-4　多指多张点钞法

（1）持票。

用左手持钞，中指在前，食指、无名指、小指在后，将钞票夹紧，四指同时弯曲将钞票轻压成瓦形，拇指在钞票的右上角外面，将钞票推成小扇面，然后手腕向里转，使钞票的右里角抬起，右手五指准备清点。

（2）清点。

右手腕抬起，拇指贴在钞票的右里角，其余四指同时弯曲并拢，从小指开始每指捻动一张钞票，依次下滑四个手指，每一次下滑动作捻下四张钞票，循环操作，直至点完100张。

（3）记数。

采用分组记数法。每次点四张为一组，记满25组为100张。

5.2.4 扇面式点钞法

把钞票捻成扇面状进行清点的方法叫扇面式点钞法。这种点钞方法速度快，是手工点钞中效率最高的一种。但它只适合清点新票币，不适于清点新、旧、破混合的钞票。

（1）持钞。

竖拿钞票，左手拇指在票前下部中间票面约四分之一处。食指、中指在票后同拇指一起捏住钞票，无名指和小指顺势展开。右手拇指在左手拇指的上端，用虎口从右侧卡住钞票成瓦形，食指、中指、无名指、小指均横在钞票背面，做开扇准备。

（2）开扇。

开扇是扇面点钞的一个重要环节，扇面要开得均匀，为点数打好基础，做好准备。其方法是：

以左手为轴，右手食指将钞票向胸前左下方压弯，然后再猛向右方闪动，同时右手拇指在票前向左上方推动钞票，食指、中指在票后面用力向右捻动，左手手指在钞票原位置向逆时针方向画弧捻动，食指、中指在票后面用力向左上方捻动，右手手指逐步向下移动，至右下角时即可将钞票推成扇面形。如有不均匀的地方，可双手持钞抖动，使其均匀。

打扇面时，左右两手一定要配合协调，不要将钞票捏得过紧，如果点钞时采取一按十张的方法，扇面要开小些，便于点清。

（3）点数（如图5-5所示）。

图5-5　扇面式点钞法点数

左手持扇面，右手中指、无名指、小指托住钞票背面，拇指在钞票右上角1厘米处，一次按下5张或10张；按下后用食指压住，拇指继续向前按第二次，以此类推，同时左手应随右手点数速度向内转动扇面，以迎合右手按动，直到点完100张为止。

（4）记数。

采用分组记数法。一次按5张为一组，记满20组为100张；一次按10张为一组，记满10组为100张。

（5）合扇。

清点完毕合扇时，将左手向右倒，右手托住钞票右侧向左合拢，左右手指向中间一起用力，使钞票竖立在桌面上，两手松拢轻墩，把钞票墩齐，准备扎把。

技能训练5-2

一、比赛规则

小组成员两两合作互相测试。

1.6～8人一组，对面而坐，两人一对。

2.一个同学把钞票抽出1～5张不等，交给另一个同学清点，并记录清点结果。

3.交换角色，直至每个同学点完三把。

4.组长汇总评价表，并选出本组的点钞能手。

5.按照小组完成的速度依次加分。

二、评分标准

1.准确点完一把，无差错，记100分。

2.点完一把，但数目不准的，记0分，并记录好差额，如少数2张，记录“-2”，反之，记录“+2”。

3.最后根据结果记入表5-1和表5-2。

表5-1　个人成绩表

把次	时间（秒）	对错
第1把		
第2把		
第3把		

表5-2　小组成绩汇总表

姓名	姓名1	姓名2	姓名3	…
正确把数				
最短时间				

5.3 机器点钞法

机器点钞就是使用点钞机整点钞票，用机器代替手工点钞，能减少出纳员的体力劳动，点钞效率高，一般时速可达5万～7万张，比手工点钞快1～2倍。因此，每个出纳员都应掌握此方法。

5.3.1 点钞机的组成

点钞机是由捻钞轮、压钞轮、接钞轮、机架、电机、变压器、电子电路等多部分组成。可将其分为三大部分：第一部分捻钞，主要由滑钞板、送钞舌、阻力橡皮、落钞板、调节螺丝、捻钞胶圈等组成。将要清点的钞票逐张捻出是保证计数准确的前提。点钞机采用出钞连续分级的方式，捻钞胶圈捻走处于表面的一张钞票，下面的钞票被阻力橡皮粘住，使表面的钞票与后面的钞票分开，实现分张。这个过程不断重复进行，直到捻完最后一张钞票。第二部分计数，主要由出钞胶轮、出钞对转轮及光电器、灯泡、计数器和数码管等组成。其作用是出钞胶圈以捻钞胶圈两倍的线速度把连续送过来先到的钞票与后面的钞票有效地分开，送往计数器与检测传感器进行计数和辨伪。捻出的每张钞票，通过光电管和灯泡，利用光电原理计数，并通过计数器记忆，将光电信号转移到数码管上显示，数码管显示的数字，即为捻钞数。第三部分传送、整钞，由传送带、整钞盒组成，传送带传送钞票，并拉开钞票之间的距离，便于检查票面，整钞盒是将通过拍打落下的钞票堆放整齐，以便扎捆。点钞机如图5-6所示。

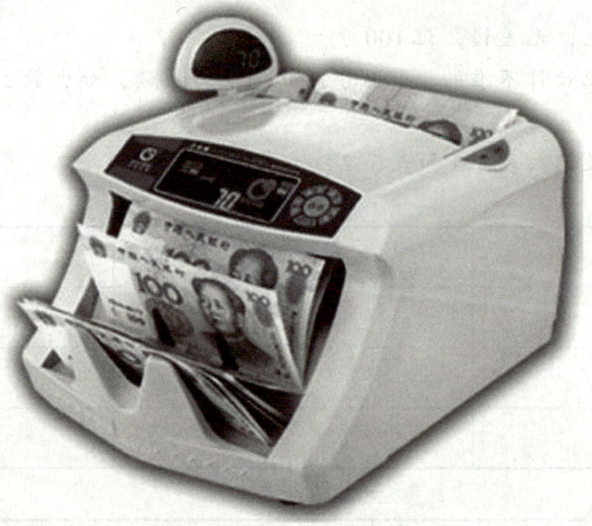

图5-6　点钞机

5.3.2 点钞前的准备

（1）放好点钞机。一般是放在操作人员的正前方，离胸前30厘米左右。

（2）检查各机件是否完好。接上电源，打开电源开关，使整机运转，检查灯泡、数码管是否正常，观察数码显示的是否为“00”；如不是，可按“置0”按钮，使其恢复“00”。

（3）调试机器。检查完毕后，在使用前还要对点钞机进行调试，力求转速均匀，点钞准确，下钞流畅，落钞整齐。先调试托钞轮，松紧螺母，一般以壹元券为准，调到不松、不紧、不夹、不阻塞为宜。调试方法为：右手持一张壹元券的一端，将另一端插入捻钞轮和托钞板之间，钞票一被捻住就马上抽出，以捻得动、抽得出为宜，但不能轻轻一抽即出，要略用力。调试好之后，最后进行捻钞试验。拿一把钞票，开动机器进行试点。试机时，一般将一把钞票点到1/3时停机，看传送带上的钞票排列是否均匀整齐，如果出现不均匀或不整齐的现象，应调节螺丝，直到调好为止。

（4）摆放钞票及用具。机器调试结束后，再将钞票整齐摆放在右侧，按大小票面顺序排列，或从小到大，切不可大小夹杂排列，以免频繁调节拍钞器。然后再将各种用具放在适当位置，腰条纸应横放在点钞机前方。

5.3.3 点钞机常见故障及解决方法

（1）开机后无显示

①检查电源的插座是否有电。

②检查点钞机的插头是否插好。

③检查点钞机的保险丝是否已熔断。

（2）开机后出现故障提示代码

一般点钞机具有故障自检功能，开机后点钞机就自诊是否有故障。不同的点钞机，故障代码也不一样。请参考“使用说明书”。

（3）计数不准

①调节托钞盘后部的垂直螺丝，顺时针拧一周或两周。

②清理光电计数传感器上的积尘（除尘）。

③若除尘后不能恢复正常，查看阻力橡皮、捻钞轮是否严重磨损。换完后再进行调整。

④调节送钞台光电计数器的传感器的对正位置。

（4）荧光鉴伪不报警或检伪灵敏度降低

①调节电路板灵敏度按键或灵敏度调节电位器（荧光鉴伪的灵敏度）。

②检查荧光灯管光传感器（紫光灯探头）是否积尘。

③检查荧光灯管是否老化。

（5）启停方式失灵

①检查送钞传感器是否积尘。

②检查送钞传感器和主电路板连接是否开路，接好即可。

③检查点钞机皮带是否折断。

5.4 捆钞

捆钞是点钞的一个有机组成部分。钞券按照不同方法进行点钞计数后，需要用捆钞条进行扎把，并在捆钞条侧边加盖名章。捆钞有手工捆钞和机器捆钞两种，其操作过程分述如下：

5.4.1 手工捆钞的操作程序

点钞完毕后需要对所点钞票进行扎把，通常是100张捆扎成一把，分为缠绕式和扭结式两种方法。

1.缠绕式

一般临柜收款采用此种方法，需使用捆钞条，即牛皮纸腰条，其具体操作方法如下：

（1）将点过的100张钞票墩齐。

（2）左手从长的方向拦腰握着钞票，使之成为瓦状（瓦状的幅度影响扎钞的松紧，在捆扎中幅度不能变）。

（3）右手握着腰条头将其从钞票的长的方向夹入钞票的中间（离一端1/3或1/4处）从凹面开始绕钞票两圈。

（4）再翻到钞票原度转角处将腰条向右折叠90度，将腰条头绕捆住钞票的腰条转两圈打结。

（5）整理钞票。

2.扭结式

手工捆钞时，通常左手按住钞券，右手取捆钞条，然后用左手食指按住捆钞条一端，右手将捆钞条另一端从右往下再往上绕一圈与捆钞条的另一端打结，将钞券自左向右转两圈，或旋转捆钞条形成一个麻花扣。捆好后加盖日期戳和点钞员名章（如图5-7所示）。

图5-7 扭结式捆钞

从业人员考核、比赛采用此种方法，需使用捆钞条，其具体操作方法如下：

（1）将点过的100张钞票墩齐。

（2）左手握钞，使之成为瓦状。

（3）右手将捆钞条从钞票凸面放置，将两捆钞条头绕到凹面，左手食指、拇指分别按住捆钞条与钞票厚度交界处。

（4）右手拇指、食指夹住其中一端捆钞条头，中指、无名指夹住另一端捆钞条头，并合在一起，右手顺时针转180度，左手逆时针转180度，将拇指和食指夹住的那一头从捆钞条与钞票之间绕过、打结。

小提示5-2

实际工作中，手工捆钞扭结式比缠绕式更快更有效。

5.4.2 机器捆钞的操作程序

机器捆钞是利用捆钞机捆钞的一种方法。其机器特点是在支架中部连有盛钞盒，在盛钞盒一侧上部通过动力轴、凸轮、弹性摆轮及被动轴连接纸条盒，纸条盒与弹性摆轮连为一体并在凸轮作用下做上下摆动，在盛钞盒的另一侧上部通过动力轴、传动轮、被动轴及两个相向转动的扇形齿轮与支架连接导轨体，在其扇形齿轮作用下导轨体往复运动。盛钞盒内侧设置有梳理板，即对100张为一把的钞票进行自动捆扎，实现钞票捆扎的自动化。

（1）将捆钞机平放于桌面并接通电源，电压值保证在规定范围。

（2）打开捆钞机电源开关后，将捆钞纸条装入机器上定位杆内，纸条头从最前面滑轮下面抽出，先按退纸键将纸条插入纸带槽入口，按下进纸按键，纸条将自动进入纸条导轨。

（3）按功能键调至所需功能，显示屏可进行捆扎次数统计，输纸长短调节。然后按“+”或“-”进行相应操作，同时按“+”或“-”把次数清零。

（4）将整把钞票以手握住使之微弯的状态，紧贴入口底部平推到位，触动扎钞开关，机器自动捆扎钞票，全自动完成捆扎过程。

（5）捆钞完成后，抽出已捆扎好的钞票，此时捆钞机会自动进纸，以备下一次操作。

（6）捆钞条即将用完时应打开上盖，按退纸键退出残余钞条。

5.4.3 捆扎钞券的有关规定

（1）捆钞时要坚持操作程序，以免发生差错。

（2）不论是手工捆扎钞券还是机器捆扎钞券，都要以“捆紧”为标准，使钞券不易松开。捆钞的松紧程度与操作有关，钞票弯曲度大则捆扎紧；反之，捆得松一些。

（3）钞券捆扎完毕，要在捆钞条上加盖日期戳以及点钞员名章，以明确职责，便于查找差错。

知识扩展

第五套人民币1999年版100元券的主要特征

第五套人民币100元券的主色调为红色，票幅长155毫米、宽77毫米。正面右侧主景为毛泽东头像，左侧为椭圆形梅花图案和汉字、阿拉伯数字面值。票面左上方为中华人民共和国“国徽”图案和中国人民银行行名，右下方为盲文面额标记、背面中间主景为“人民大会堂”图案，左侧为人民大会堂内圆柱图案，上方衬以人民大会堂主会场天花板图，右下方印有年号“1999年”，票面右上方为“中国人民银行”汉语拼音字母和蒙、藏、维、壮4种民族文字的“中国人民银行”字样与面额。

第五套人民币100元券在防伪上采用了多种技术，主要有：

（1）固定人像水印。位于正面左侧空白处，迎光透视，可见与主景人像相同、立体感很强的毛泽东头像水印。

（2）红、蓝彩色纤维在票面的空白处。可看到纸张中有红色和蓝色纤维。

（3）磁性微文字安全线。钞票纸中的安全线，迎光观察，可见“RMB100”缩微文字，仪器检测有磁性。

（4）手工雕刻图像。正面主景毛泽东头像，采用手工雕刻凹版印刷工艺，形象逼真、传神，凹凸感强，易于识别。

（5）隐形面额数字。正面右上方有一椭圆形图案，将钞票置于与眼睛接近平行的位置，面对光源作平面旋转45度或90度角，即可看到面额“100”字样。

（6）胶印缩微文字。正面上方椭圆形图案中，多处印有胶印缩微文字，在放大镜下可看到“RMB”和“RMB100”字样。

（7）光变油墨面额数字。正面左下方“100”字样，与票面垂直角度观察为绿色，倾斜一定角度则变为蓝色。

（8）阴阳互补对印图案。票面正面左下方和背面左下方均有圆形局部图案，迎光观察，正、背面图案重合并组合成一个完整的古钱币图案。

（9）雕刻凹版印刷。正面主景毛泽东头像、中国人民银行行名、盲文及背面主景人民大会堂等均采用雕刻凹版印刷，用手指触摸有明显凹凸感。

（10）横竖双号码。正面采用横竖双号码印刷，横号码为黑色，竖号码为蓝色。

1999年版与2015年版100元券的主要区别

1999年10月，根据中华人民共和国国务院令第268号，中国人民银行发行了第五套人民币。2005年8月，为提升防伪技术和印制质量，中国人民银行发行了2005年版第五套人民币部分纸硬币。2015年11月，中国人民银行发行了新版100元纸币，其防伪能力和印制质量明显提升，受到社会广泛好评。迄今为止，50元、20元、10元、1元纸币和1元、5角、1角硬币已发行流通十多年。在此期间，现金流通情况发生巨大变化，现金自动处理设备快速发展，假币伪造形式多样化，货币防伪技术更新换代加快，这些都对人民币的设计水平、防伪技术和印制质量提出了更高要求。为适应人民币流通使用的发展变化，更好地维护人民币信誉和持有人利益，提升人民币整体防伪能力，保持第五套人民币系列化，中国人民银行决定发行2019年版第五套人民币50元、20元、10元、1元纸币和1元、5角、1角硬币，在保持现行第五套人民币主图案等相关要素不变的前提下，对票（币）面效果、防伪特征及其布局等进行了调整，采用先进的防伪技术，提高防伪能力和印制质量，使公众和自助设备易于识别。

2015年版100元纸币主要防伪特征如图5-8至图5-15所示。

票面特征

2015年版100元纸币正面

2015年版100元纸币背面

图5-8　2015年版100元券

①光变镂空开窗安全线

位于票面正面右侧。垂直票面观察，安全线呈品红色；与票面成一定角度观察，安全线呈绿色；透光观察，可见安全线中正反交替排列的镂空文字“￥100”。

图5-9　防伪特征一

②光彩光变数字

位于票面正面中部。垂直票面观察，数字以金色为主；平视观察，数字以绿色为主。随着观察角度的改变，数字颜色在金色和绿色之间交替变化，并可见到一条亮光带上下滚动。

图5-10　防伪特征二

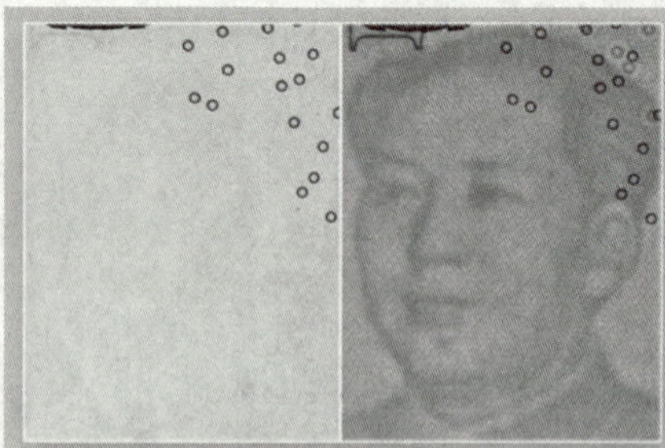

③人像水印

位于票面正面左侧空白处。透光观察，可见毛泽东头像。

图5-11　防伪特征三

④胶印对印图案

票面正面左下方和背面右下方均有面额数字“100”的局部图案。透光观察，正背面图案组成一个完整的面额数字“100”。

图5-12　防伪特征四

⑤横竖双号码

票面正面左下方采用横号码，其冠字和前两位数字为暗红色，后六位数字为黑色；右侧竖号码为蓝色。

图5-13　防伪特征五

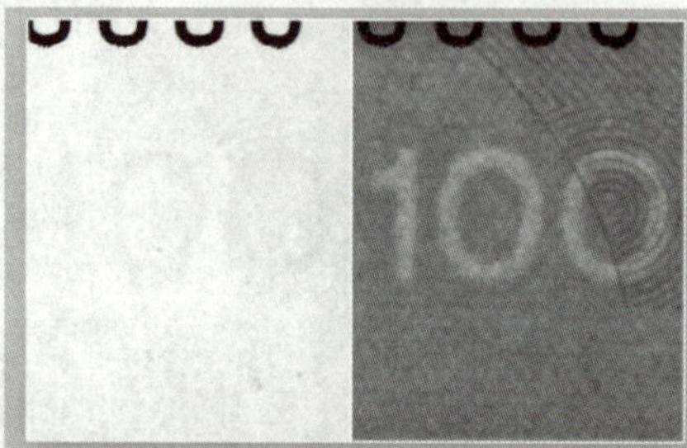

⑥白水印

位于票面正面横号码下方。透光观察，可以看到透光性很强的水印面额数字“100”。

图5-14　防伪特征六

⑦雕刻凹印

票面正面毛泽东头像、国徽、“中国人民银行”行名、右上角面额数字、盲文及背面人民大会堂等均采用雕刻凹印印刷，用手指触摸有明显的凹凸感。

图5-15　防伪特征七

拓展训练

一、考核办法

采用定时计量的方法，计算实点钞券张数。点钞测试分两次，每次5分钟。

二、考核标准

（1）要求在5分钟内完成点数、扎把等工序。

（2）扎把紧，纸条不会断裂造成散把。结束时，点出的零头钞券不用捆扎。因扎把不紧，纸条断裂造成散把，该把不计成绩。

三、成绩计算

点钞比赛以选手点钞的总合格张数计算成绩。每100张为一把，点好一把后马上扎钞。否则扣分，扣分标准如下：

（1）若没扎把，每把扣10分。

（2）错钞：错一张扣10分，每把若错误张数超过10张，该把不算成绩。

（3）未经点数直接扎成一把，不计成绩。

（4）点钞时，若钞纸掉在地上，在比赛时间内未拾起，按实际掉地张数每张扣10分。

四、鉴定标准

合格：7把；良好：8把；优秀：9把及9把以上。

五、比赛指法

选手在单指单张法和扇面式点钞法中各选其一。

第6章

传票翻打技术

教学目标

能够熟练使用传票翻打机快速正确地进行传票的录入。

思政目标

通过传票翻打的训练，培养学生不可急于求成的意识，工作中要有苦练求熟、熟中求巧、巧中求精的职业精神。

传票翻打，也称为传票算，是指在经济核算过程中，对各种单据、发票或凭证进行汇总计算的一种方法，一般采用加减运算。它是加减运算在实际工作中的具体应用，它可以为会计核算、财会分析、统计报表提供及时、准确、可靠的基础数字，是财经工作者必备的一项基本功，并被列入全国会计技能比赛的正式项目。

传票翻打是对一打整理好的同类票据，针对每张上的某个特定数据进行统计的技能。

6.1 录入工具

6.1.1 传票翻打机

爱丁数码公司翰林提TN96W输入设备，主要参数为：显示屏4.8英寸，分辨率320×160；键盘标准104键位，100万次寿命，力度50g，无线模组2.4Ghz，Zigbee技术协议，范围100米。传票翻打机如图6-1所示。

6.1.2 传票

传票采用长约19厘米、宽约8厘米的70G规格书写纸，用4号手写体铅字印刷，每本传票共100页，每页五行数，由四至九位数组成。其中四、九位数各占10%，五、六、七、八位数各占20%，都有两位小数；页内依次印有（一）至（五）的行次标记，设任意20页的20个数据（一组）累加为一题，0～9十个数字均衡出现。传票如图6-2所示。

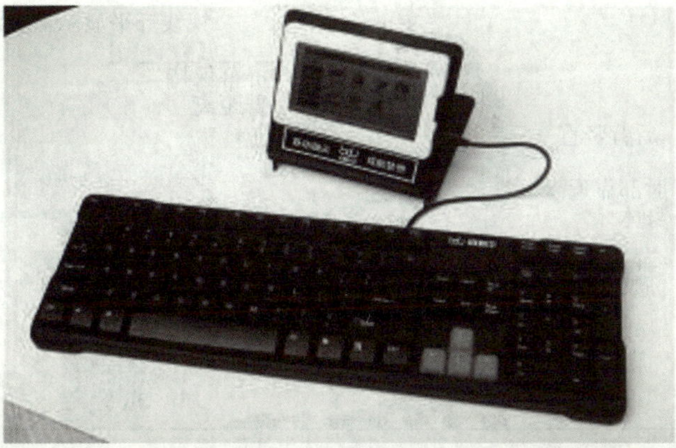

图6-1　传票翻打机

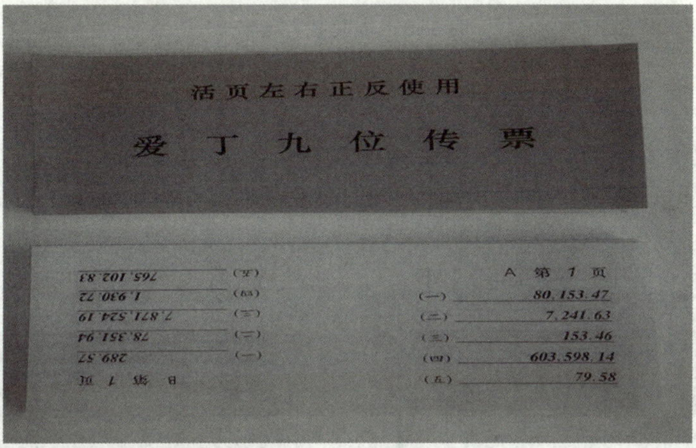

图6-2　传票

6.2　传票翻打姿势及指法

6.2.1　传票翻打姿势

（1）身体要自然坐直，两脚放平与胳膊平行，眼睛与屏幕的距离为40～50厘米。

（2）显示器的位置应在视线以下45度左右。

（3）右手手指轻放在规定的基准键上，手腕平直，传票放在键盘下方（如图6-3所示）。

6.2.2　传票翻打指法

（1）各手指要放在基本键上，输入数字时，每个手指只负责相应的几个键，不要混淆。

（2）手腕平直，手指自然弯曲，击键只限于手指指尖，身体其他部分不要接触工作台或键盘。

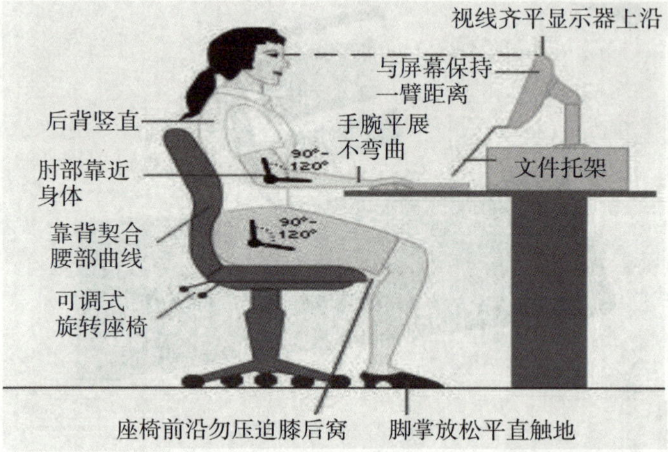

图 6-3　传票翻打姿势

（3）输入时，手稍微抬起，只有要击键的手指才伸出击键，击完后立即收回，停留在基准键上。

（4）击键速度要均匀，用力要轻，有节奏感，不可用力过猛。

（5）在击键时，必须依靠手指和手腕的灵活运动，不能靠整个手臂的运动来打（如图 6-4 所示）。

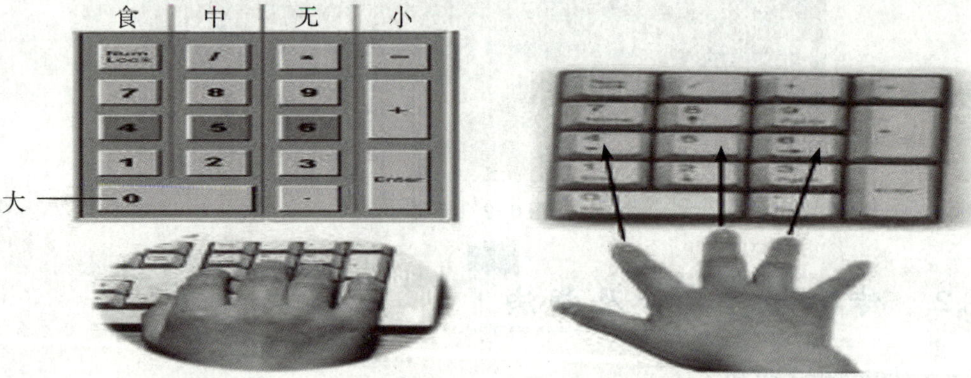

图 6-4　传票翻打指法

技能训练 6-1

先练“4、5、6”基准键位，再分指练习，食指“1、4、7”，中指“2、5、8”，无名指“3、6、9、.”，小指“+、ENTER”，大拇指“0”。

小提示 6-1

盲打是指法训练的最高境界。

6.3 传票翻打要点

6.3.1 以准为主，准中求快

传票算打得好的标准是准确与快速，准是必须达到的要求，快是全力争取的目标。进行传票算，快而不准毫无意义，准而不快达不到要求、完不成任务。因此，在训练中要正确处理好准与快的关系，不能只追求一样，要在保证正确的前提下，提高速度。要达到这样的要求，必须坚持天天训练。

6.3.2 熟练翻页的动作和找页的方法

翻页和找页在传票算中是一项非常重要的基本功，其快慢、准否直接影响传票算的速度。因此应加强对翻页和找页的练习，争取在进行传票算时能一次完成，不出现多余的动作。

6.3.3 计算时分节看数，看算结合

传票算要想既准又快，就要眼、手、脑协调配合。看数既准又快是传票算既准又快的前提。初学者刚开始学习传票算时，训练看数与输数的配合是很重要的，应尽可能达到在看数的同时把数输入。将一个数字分节来看，可以很好地分清数字的位数，很快看准、记住和输入数字。通过分节看数、看算结合的练习，时间长了，就可以使大脑形成一种条件反射，实现眼、脑、手的有机结合，协调一致。

6.3.4 加强手指分工的训练

在传票算训练中，以计算器作为计算工具，手指的分工与协调是一个重要的环节。初学者刚进行计算时，手指一定要按照要求进行分工，养成良好的习惯，一边看数，一边输入。初学者由于对键盘不熟悉，在计算时可看键盘，但一定要记准、记住常用功能键的分布，形成脑像图，通过一段时间的训练，争取达到盲打计算。

6.3.5 训练一定要持之以恒

传票算是一门实际操作技能课程，要想真正掌握这门技术，并达到一定的技能水平，不是一天或几天就能实现的，必须要靠学习者每天有计划地限时训练，最重要的是坚持，不能间断。

6.4 传票算

6.4.1 传票算使用说明

第一步：在系统主界面选择【传票录入】，进入到【传票录入】目录。选择“［D］

设置”，进行相关设置。设置完毕后按［Enter］自动保存设置。操作：通过［↑］［↓］键移动光标，［←］［→］键调整相关设置。

小提示6-2

只需在第一次使用时设置，或需要更改训练方式时设置。

第二步：在【传票录入】目录下选择“［B］传票算”，进入【传票算】功能菜单。选择“［B］传票算测试”或者“［A］传票算练习”，二者的区别在于：测试模式下，系统可以保存最后成绩，并且可以通过无线模块发送测试成绩，该模式可以在比赛时使用。在练习模式下，系统不保存成绩，也不能发送成绩，但是可以保存成长历程，该模式只在练习时使用。

6.4.2 传票算计分规则

按照录入界面提示的页码和行次进行累加，每组加和20题，以回车键提交得到的结果作为评断得分的标准，即每一组为20分或0分，最后一组以时间到后的结果评定小分。

知识扩展

翻打传票比赛细则

一、比赛内容

采用专用输入设备和用具翻打传票。比赛传票采用长约19厘米、宽约8厘米的70G规格书写纸，用4号手写体铅字印刷，每本传票共100页，每页五行数，都有两位小数；页内依次印有（一）至（五）的行次标记，设任意20页的20个数据（一组）累加为一题，0~9十个数字均衡出现。

二、比赛形式与要求

比赛使用的计算工具：采用爱丁数码公司翰林提专用输入设备，限时不限量。

成绩呈现方式：由翰林提专用输入设备系统自动生成比赛成绩。

三、比赛时间

比赛时间：10分钟。

四、比赛规则

1.比赛设现场裁判若干名，计时员1名。

2.选手使用组委会统一提供的传票、铁制文件夹子及爱丁数码翰林提输入设备。

3.赛前各代表队领队抽签决定选手比赛场地与选手座位号。

4.参赛选手凭参赛证、身份证进入赛场。

5.比赛前选手按主裁判要求检查、整理传票，在翰林提系统中选择比赛题库。

6.比赛按翰林提系统随机选择的题库进行，每任意20页传票指定题号的数字累加为1题。如：P1—P20（一）是指从第1页开始计算直到第20页，每页中编号为（一）的数据累加得出结果。

7.完成一题20个数据（一组）的输入，选手根据系统提示的下一题起始页号和题号完成下一题（一组）的录入。

8.对于比赛时间到但没能完成一题（一组）全部20个数据的，系统自动根据选手实际完成的正确录入数据计算小分。

9.比赛按规定页号、题号输入，不得漏题、跳页。

10.比赛结束前10秒，主裁判提示："最后10秒钟。"

11.比赛时间到，选手停止操作，起立示意并等候裁判指挥按秩序退场。

12.比赛场地应划定警戒线，无关人员不得入内。

五、评分规则

1.正确1题的定义：完成传票从题目指定位置开始的20个数据翻打输入，答案正确。

2.正确1题得分20分。

3.总分=20×正确的题数。

4.每组20个数据输入中出现漏数、跳页的，该组不得分。

5.选手按其实际得分高低排名。

六、选手须知

1.选手应按比赛规定时间提前30分钟到达指定赛场，按抽签号对号入座，并将参赛证、身份证、抽签号放在桌子的左上角。

2.比赛正式开始前，按主裁判统一指挥，选手检查、整理传票并操作题库选项。

3.主裁判发出"预备"口令后，选手达到比赛状态，主裁判发出"开始"口令后，选手即可开始比赛；

4.主裁判发出"预备"口令后，迟到选手不得进入赛场。

5.主裁判宣布比赛"时间到"口令后，选手应停止操作，在配合裁判员完成确认工作后方可离场。

6.选手应严格遵守组委会有关比赛的各项规定，自觉按照规定时间报到并认真参赛。

7.候赛选手按组委会指定地点休息，以免影响比赛的正常进行。

8.尊重评委的评判，无条件服从工作人员的统一指挥，遇有争议问题，应由领队向组委会提出。

七、裁判员须知

1.裁判员必须坚持公平、公正的原则。

2.裁判员必须佩戴裁判员证进入赛场。

3.比赛一经开始，裁判员不得任意走动或有其他影响选手比赛的行为发生。

4.主裁判统一口令："预备"、"开始"、"最后10秒钟"和"时间到"。

拓展训练

（一）手指按键练习

1.手指上下移动练习

将食指、中指、无名指放在数字键4、5、6上，向上移动，要落在数字键7、8、9上，然后回位，再向下移动，要落在数字键1、2、3上，然后再回位。这样反复进行三指联动或单指移动练习，直到手指上下移动能够自如、准确无误为止。

练习：按顺序输入单个数字9、8、2、1、3、4、7、5、6、0。

2.组合练习

任选几组数字，开始时不要太快，动作一定要完整规范，反复练习，逐渐提高速度，直到手指能准确、快速键入数字为止。

练习：分别输入数字6 832、7 931、5 346、4 003 125、7 498 023、5 583 721、4 851 234、590 692。

3.连加练习

利用若干连加题进行连加练习，进行综合性的传票算训练。

练习：

（1）78 359 024+7 352+29 402+480 657+8 693 204=

（2）30.84+87 460.13+539.62+93 257.68+19.82=

（3）91.43+705.43+50.89+5 601.78+291 375.80=

在运用各种方法进行练习的过程中，要认真准确地理解动作的操作要领，规范地进行练习。

（二）分阶段训练

分阶段进行训练，能自我检测运算速度的提高情况，督促自己不断提高传票算的技能水平。以统一的百页传票本计算题为例，可按下列要求进行传票算分阶段训练。

第一阶段（对初学者而言）：每一次计算10道题，限时20分钟，保证正确率。

第二阶段：每一次计算10道题，限时15分钟，保证正确率。

第三阶段：每一次计算10道题，限时10分钟，保证正确率。

第四阶段：每一次计算10道题，限时9分钟，保证正确率。

训练时可根据自己的实际情况，随时调整练习的方式和方法。

主要参考文献

[1] 财政部会计资格评价中心. 经济法基础 [M]. 北京：经济科学出版社，2020.
[2] 李华. 出纳业务综合实训 [M]. 北京：中国人民大学出版社，2020.
[3] 许秀萍，郑维. 出纳实务 [M]. 北京：中国人民大学出版社，2019.
[4] 安红梅. 出纳实务 [M]. 大连：东北财经大学出版社，2018.
[5] 侯雁，汪莉莉. 珠算与点钞 [M]. 3版.大连：东北财经大学出版社，2017.
[6] 李岩. 出纳新手实务 [M]. 北京：电子工业出版社，2016.
[7] 施海丽，张立俊. 出纳实务与实训 [M]. 北京：清华大学出版社，2014.
[8] 李昕，韩国薇. 基础会计 [M]. 北京：经济科学出版社，2008.

主要参考文献

[1] 财政部会计资格评价中心. 经济法基础[M]. 北京：经济科学出版社，2020.

[2] [illegible]等. [illegible][M]. 北京：中国人民大学出版社，2020.

[3] [illegible]. [illegible][M]. [illegible]：[illegible]出版社，2019.

[4] [illegible][M]. 大连：东北财经大学出版社，2018.

[5] [illegible][M]. 大连：东北财经大学出版社，2017.

[6] [illegible][M]. 北京：[illegible]工业出版社，2016.

[7] [illegible][M]. 北京：清华大学出版社，2014.

[8] [illegible][M]. 北京：[illegible]出版社，2008.